說書生活 18

我47歲就要死了，但很平靜滿足

一個癌末男子如何知足、樂觀面對生命的結束

A Beginner's Guide to Dying

Simon Boas

賽門・博阿斯——著　龐元媛——譯

國內外各界好評感動推薦

生與死，看似二分絕對，卻是人生的一體兩面。面對死亡，讓我們懂得珍惜感受當下，學習如何好好活在每一刻。

——王意中　王意中心理治療所所長／臨床心理師

工作有死線，人生也有「死線」，在死亡面前我們都是初學者，甚至無法熟練，但透過作者文字，讓我們提前看見。

——鄭俊德　閱讀人社群主編

閱讀作者最後一段人生旅程，提供許多啟發和思考，謝謝他的分享，讓我們看見活著重要的事物，並且無悔面臨每個人都會有的那天。

——林怡辰　閱讀推廣人／作家

死生一直以來都是人生大事。在大限將至之前，仍能懷抱樂觀、勇敢、知足的心態，靜看平生，實是一大智慧。感謝作者願意用自身經驗提醒讀者，讓我們還能有機會和餘裕，重新檢視自己的人生。

——李郁琳　臨床心理師／作家

死亡不是灰飛湮滅，作者至少留下了無限的愛和這本啟發、撫慰人心的書。死亡開啟一段新的旅程，這本書告訴你，行前如何做好最圓滿的準備。

——畢柳鶯　醫師／《斷食善終》作者

生命的重點不在於長度，而在於有沒有活出自己、活出愛，從而了無遺憾。

——洪培芸　臨床心理師／作家

一眼望見生命的盡頭，我們常會變得患得患失，時而變得大無畏，時而傷感痛楚，認為努力那又能怎麼樣呢？作者在將近時日之前，選擇的態度值得我們學習！

——黃之盈　諮商心理師／暢銷作家

「不用擔心死亡，因為你必死無疑。」面對死亡能夠如此幽默平靜、泰若自然，很不容易，這是一個看透生命本質的人才能辦得到的。佩服啊。

——周志建　山隱中的療癒師／故事療癒作家

對生命愉悅的讚歌，還有誰能寫出比這本更具啟發性的書呢？

——*Daily Mail*

作者賽門．博阿斯開朗的斯多葛主義感動了全國人民。

——*Daily Telegraph*

對死亡幽默又感人的沉思。

——Rosamund Urwin　*The Times*

作者賽門．博阿斯先踏上我們每一個人都將走過的道路，他依然幽默、富同理心和充滿智慧。這是一本每個人必讀的書。

——Terry Waite 爵士　人權作家

賽門．博阿斯對生命的領悟，對我們每個人都具有啟發性，他這本美妙的書既有智慧又充滿幽默感。

——Julia Samuel　《悲傷練習》作者

我有幸在廣播最後一次採訪了賽門．博阿斯，他留下來的這些智慧文字會繼續流傳下去。我們每個人是多麼幸運，能讀到像他這麼慷慨的人，在過世前留下來的重要生命觀點。

——Emma Barnett　BBC Today Programme 主持人

我希望本書蘊藏的小寶藏，會被許多人讀到、分享、歡笑、哭泣、沉思和反思。

——Kathryn Mannix　*With the End in Mind* 作者

幽默、動人、勇敢、理智，且沒有自憐。作者賽門．博阿斯的書讚揚了生命的韌性，並提我們好好享受生命。

——Jeremy Bowen　BBC 編輯

獻給我的愛妻奧蕾莉（Aurélie）

我的父母安東尼（Anthony）與莎拉（Sarah）

還有我的妹妹茱莉亞（Julia）

目次

前言

這本小書的核心，是我為本地的報紙《澤西晚報》所寫的三篇文章。撰文的時間從確診末期喉癌開始（二〇二三年夏季），到死於喉癌（這幾個禮拜就要告別人世）。

我很幸運，第二篇文章人氣很高，在全球各地廣為流傳。《旁觀者》、《每日電訊報》，以及《每日郵報》紛紛轉載。我也在ＢＢＣ廣播四台的 Broadcasting House 節目朗讀這篇文章。我收到許多真誠而動人的迴響。有些人送上祝福，也有許多人說，我的文章對他們有所幫助。有些讀者與我情況類似，看了我的觀點，知道可以沉著以對，接受死亡，也得到些許安慰。也有一些讀者身體健康、生活忙碌，寫信感謝我提醒他們，生命是多麼神奇，多麼難能可貴的恩賜。牢記這一點，就不必太煩惱占據大半日常生活的、那些說到底根本不重要的小事。還有幾位讀者告訴我，受到我的文章影響，他們出手修補或是結束某些關係。也有幾位辭掉工作，甚至決定賣掉房子，展開冒險之旅。

我希望有更多的時間，好好擴寫我的文章，問題是我身上的癌症比我更有活力，更有幹勁。我發現，「死線」明明就在眼前，毫無延後的可能，我那奧運等級的拖延能力，卻絲毫沒有減弱，也是我無法擴寫文章的原因之一。但最主要的原因，還是我喜歡在最後的日子曬曬太陽，與我最可人的愛妻一起享用白葡萄酒。不過我倒是擴寫了一些我在報紙文章提到的主題，尤其是思考與整理我究竟**何以**如此快樂、平靜，也分析四十六歲就要死亡，為何其實沒那麼糟*。我寫的

*多虧了鴉片製劑與不甜的白酒，我活到四十七歲才走。

東西篇幅很短，零零碎碎的，絕對不像蒙田的作品，但我希望大家看了，能稍微了解我看待罹癌與死亡的態度，或許也能理解，在全心熱愛生命、把握人生的同時，為何**也能**「平靜走進那個良夜」。

我也新增了一些我以前寫的東西，告訴大家該如何與臨終者相處。其實很多人不知道該怎麼做，所以有時候言行舉止不但沒有助益，甚至還冒犯了臨終者。更糟的是，有些人唯恐犯錯，所以乾脆完全不接觸臨終者。希望我的小小建議能有幫助。

我將這本書取名為「死亡初學者指南」（編注：原文書名），因為寫這本書的目的，是要分享一些至少對我來說，能讓人生最後一哩路稍微平順、也讓能目的地稍微沒那麼可怕的訣竅。不過，從某個角度看，這個書名也挺蠢的。幾個字裡面就只有「初學者」正確。無論我們見識過、聽過多少死亡，輪到自己的時候，人人都是初學者。我絕對是初學者，所以稱之為「指南」未免有點自以為是。這些是身在前線的我的零星報導，來自我人生中一個異常清晰、緊張、介於生死之間的階段。

正因如此，這本書也只略為提及「死亡」。希望你會發現，書裡講的多半是活著與人生。雖說有點矛盾，但我發現我以正面的角度看待活著，反而能完全接受死亡。我現在甚至不覺得活著與死亡是對立的。當然了，很有可能是我們即使肉身殞滅，「我們」也並不會消失，我覺得這非常有可能，但誰也無法確定。科學與宗教提供的「確定性」，終究取決於我們相信不可知、無法證實的事物。本來就應該如此。

我其實想過，將這本書取名為「嗎啡與慕斯卡德」，畢竟這兩位是我人生終點的良伴，尤其是自從我決定不接受難熬的最後一線化療。我覺得應該進行臨床試驗，研究末期病患接受嗎啡與慕斯卡德葡萄酒治療的成效，可惜我的幾位醫師都不感興趣。但我決定不再接受傳統治療之後，發現鴉片製劑與不甜的白酒延長壽命的效果，遠勝於沒完沒了的毒藥與焚燒。

我也很希望把這本書打造成輕鬆愉快的。我熱愛生命。我在第二篇報紙文章，謙卑地吹噓我的人生經歷，其實只是非常片面，而且是經過嚴格篩選的愛好與白癡舉動（我仍然是澤西島現役義警，不過我處理輕微車禍、走失的馬匹，還有危險的懸垂樹枝的那段驚心動魄的歲月，已成過去）。我愛我的妻子、家人、朋友、工作、嗜好，也愛我那隻邋遢的法國牧羊犬。我喜歡冒險、狂飲，自己講笑話逗樂自己。我喜歡融化的起司、填字遊戲、營火、詩歌、屎尿笑話，還有手捲菸。我喜歡秋季草甸裡美國梧桐的甜香。

我很遺憾，在四十六歲的年紀，就要離開這些，以及其他無數帶給我快樂的事物。但我並不會因此消沉。我最強烈的感受是感恩，是能在人世間活過，已經是幸運到不可思議。人類能成為人類，你能成為你，需要的是一連串幾乎不可能發生的巧合。我也何其幸運，能親眼看見人類是多麼有愛、無私、本性善良，有時候是在最惡劣的環境見證這些，例如我在加薩走廊度過的三年。每個人都盡力而為，每個人都是無比珍貴。

不畏懼死亡的理由很多，希望大家看完這本書的短文與想法，會稍微更能接受死亡。我發現我談論死亡、準備死亡、接受死亡，反而更享受人生，重視重要而非瑣碎的事情，也更能同理其他人。每個人其實都跟我一樣，也努力在這短暫而美好的旅程，尋找意義。不過在最近幾週，一群好人也在這最後的過渡期間，給予我莫大的幫助。

澤西安養院傑出的安寧治療團隊，是我能盡量延長壽命，又不至於承受太多痛苦的功臣。他們盡量安排我出院，也讓我能繼續做自己喜歡做的事。最終的衰頹即將到來，我知道我會在愛與愉快的氣氛之中（還有我的家人與愛犬陪伴之下）迎來那一刻。我大半輩子從事的都是國際發展工作，也知道能有這樣的人生終點，可以說已是三生有幸，很少人能如此幸運。因此，這本書一部分的版稅，將捐給安寧照護慈善機構，尤其是致力於在目前缺乏安寧照護服務的地方，推動優質安寧照護的慈善機構。

祝福各位的人生道路無論長短，都能充滿喜樂。一切都會很好，人人都會很好，萬事也都會很好。

賽門謹識

澤西島三一區

二〇二四年六月

《澤西晚報》文章

感謝《澤西晚報》同意轉載

癌症企鵝

二〇二三年九月十一日首度刊出

我最近得知，無論我喜不喜歡，都**必須**前往南極。我只能如此形容我這幾個禮拜的處境。這個潮濕的夏季過了一半時，醫師意外發現，我頸部那些詭異的腫塊，原來是鱗狀細胞癌轉移。我之所以一年來吞咽困難，是因為喉嚨長了腫瘤（正如愛爾蘭喜劇演員史派克・米利甘的墓碑上寫道，我**早就跟你說了**我有病）。

我必須在南安普頓接受六週難熬的化療與放射治療，九月中就要開始。我能找到最恰當的比喻，是有人對我說：「對，賽門，你**得去**南極。」我不怎麼想去南極，去南極可不是什麼小事。南極很危險，到那邊大概會瘦一些（搞不好還會損失幾根腳趾），但現在很多人去那裡，也平安無事回來。不過我這一路上，也會看到不少很有意思的東西（癌症企鵝！），回來以後也會更了解自己。

於是，我正在為這趟意外的探險之旅做準備。我把澤西海外救援中心總監的工作，交給我在那裡傑出的團隊。我身為 Jersey Heritage 董事長的職務，也移交給其他董事。我打算透過無線電，與這二個機構密切聯繫，但我也很清楚，有時候我會身處收訊不佳的裂縫地帶。

這趟南極之行，我的體重會減輕，所以我現在盡量多吃一點。Bruno's Bakery 與 Parade Kitchen 負責製作佳餚。我昨天晚上吃了超過一公斤的起司火鍋，打破個人紀錄。我應該盡量把身體調整好，才能啟程，這就比較辛苦了，所以我前幾天做了一個伏地挺身。我大概很快就可以多做一個。

說到底，這趟南極之行是一個人的探險。不過還是有很多人相助。Cancer.Je提供了設備（國際漫遊費用更便宜的手機），如果我需要，甚至還能提供現金。MacMillan 的協助讓我深受感動，如果要多寫幾個段落的極地比喻的話，我覺得他們簡直像是極地探險用品店。他們在身心方面給了我許多照應，提供很多我超想知道的資訊，也有多位專家向我說明臨終該知道的事。我再怎麼讚美他們都不為過。

美好的澤西島上，也有很多人向我伸出援手。罹癌是件很有意思的事情，因為很可怕，很多人不知該怎麼辦。但我最近因為眾人的關懷而喜極而泣的次數，遠多於自憐悲泣的次數。

我在澤西海外救援機構的正職，讓我在很久以前就明白，這裡的人有多慈藹寬厚。我深深感謝所有與我聯繫的人。很多人想幫忙，我婉拒的方法，是說我家牧羊犬的肛門腺需要解放，拜託他們幫忙（當然是藉口，不過各位善心人士若想幫忙也可以啦！）。如果不會太難受，那我在冰天雪地跋涉之時，也會不時向大家通報。

我要追隨的絕對是挪威探險家阿蒙森，而不是史考特，治癒是完全有可能的。不過我已是癌症末期，所以也必須接受現實：雖然不願意，但我很快就要去冰櫃報到的機率，恐怕很大。我不知道確切的機率究竟有多大，現在也不想知道，但應該就是左輪手槍裝了二顆子彈的機率，也許是四顆子彈。

從某個角度看，這一切可以說是極其不幸、極其不公平。我今年四十六歲，有幸娶到最好的女人，做自己熱愛的工作，現在突然整個人就要灰飛煙滅。坦白說，我在凌晨四點唱給自己聽的歌，偶爾也會帶點自憐情緒。我也得承認，我也會在凌晨四點的歌聲中，聽見幾個小節的憤怒：花了一年多才確診、掃描取消、作業失誤、資訊匱乏等等。

不過這樣下去我遲早會瘋掉，至少在白天，我還挺能控制這些情緒。我也能做到盡量不自責，只是也不知道是怎麼做到的。三十年的菸齡，偶爾又像邱吉爾那樣酗酒，怎麼可能不傷身體（當然也有一些人這樣子，卻能長命百歲）。也有可能是我偶爾對自己的健康狀況不夠在意，所以醫師也就不把我身上新冒出來的疼痛當回事。但疑神疑鬼，並不代表死神就會放過你（T恤就是這麼說的）。有輕微的疑病症，也不代表就沒有鱗狀細胞癌。

所以，我避開了一些很明顯的毛病，盡量不自憐、不憤怒、不自責，但死神的鐮刀就在眼前，究竟是一種什麼樣的感覺？我這樣講聽起來很像瘋了，但其實也沒那麼糟。**唯一**會讓我落淚的，是想到我的死帶給我所愛的人的打擊，尤其是我的愛妻奧蕾莉，還有我的父母。我一想到「寡婦」就哽咽，這二個字當成及物動詞就更不堪了。不過，我並不會為自己感到難過，甚至也不害怕，可以說糟糕的預後，反而助長了全新的個人成長。

所以我得說些陳腔濫調，還請見諒。你大概都已經聽過，而且你的內心最古老、最真實的部分，都已經知道這些了。但我們忙碌的生活和大腦，難免會掩蓋這些想法。癌症讓這些想法再度浮現。

首先，我區分孰輕孰重的能力大有長進。重要的：愛、善良、意義。不重要的：金錢、地位、肯定。我們很容易忘記，人生當中真正有益的東西都是免費的。此外，在澤西島，我們幾乎比古往今來的每一個人更富有。我們的住所、食物、醫療、教育與司法都有保障。我們可以立刻跟任何人溝通，前往地球上的任何地方，藉由小巧的裝置就能閱盡人類所有的知識。在澤西島的我們，生活在最充滿關愛、最安全，也最緊密的社會。但我們通常只顧著追求更多，拿自己跟在我們看來更富有的少數人比較，而不是跟更貧窮的無數人比較。我現在不會因為擔心房屋貸款而徹夜難眠了。

第二，我發現現在的我，更能看見別人最好的一面。反正我在聖赫利爾走來走去，常像個白癡一樣笑得很燦爛，因為我老是認不出別人，所以寧願把陌生人搞得莫名其妙，也不要怠慢了朋友。但我自從確診癌症之後，變得更祥和，也更願意寬容。坐在放射治療等待室，身旁是來自各種背景的人，就會發現團結世人的力量，遠遠強於分化的力量（雖然覺醒文化還有他們日漸稀少的盟友種族主義者，極力反對這種想法）。

看看溫柔的小舉動、堅忍的幽默，還有勇氣。重病以及隨之而來的一切，是促進平等的最大力量，因為摘去了人人戴著的面具，揭露面具之下脆弱的人。不只是在腫瘤科，在別處也很容易發現，人人都是在盡力而為。就連那個霸占你停車位的女人，還有那個堅稱你只是胃食道逆流的醫生也一樣！

最後，面對不確定的未來，更懂得活在當下。當然，還是可以擔心以後的事（我最近才認識「掃描焦慮症」一詞）。但我是罹癌之後，才會注意到，也才會感恩很多事情。一隻快樂的狗狗在草地上伸展。一朵完美的蘑菇。一塊絕佳的斯蒂爾頓起司！小小的東西都能帶給現在的我大大的快樂（天哪，等到插上餵食管，我一定會想念起司的）。反過來說，無法預先計畫，也就沒有陰謀、覬覦、苦惱的欲望。

我最大的心願，是許多年前就懂得這些。倘若有幸康復，也還有幾十年的時間能受惠於這些領悟（還能拿去煩人）。我衷心希望，你們這些可愛的人，趁著壽命還長，也能領悟這些道理。

我的癌症病情發展不見得對我有利

二〇二四年二月十一日首度刊出

我最喜歡的一句輕描淡寫的話，不是英國人，也不是斯巴達人說的，而是日本昭和天皇說的。一九四五年八月，日本在戰場上節節敗退，二座城市被核彈摧毀，他透過廣播表示「戰況的發展不見得對日本有利。」

這個嘛，我很遺憾地告訴大家，我的癌症病情發展，也不見得對我有利。

去年九月，我在報紙上談到我確診喉癌和即將展開的治療，比喻成南極之旅。不幸的是，化療與放療對付我的喉嚨與頸部的腫瘤是很有效，但我的肺部現在充滿可怕的東西。預後還不到「不要做長期計畫」的地步，但也很接近「不要看厚書」。

所以，顯然我不久之後就要翹辮子了。不過，我現在從不少事物得到安慰。朋友、鄰居，甚至是素未謀面的陌生人，都對我和妻子奧蕾莉關愛有加。我也很幸運，能有一份自己熱愛的工作（我還是每天工作，只是常常在下午三點離開，去跟某人喝一杯。癌症國依循的是另一套規則！）。

我屢次想起三個相關的想法，想到就很快樂，所以我要寫出來跟大家分享。

首先，我感到寬慰的是，我這一生很美好，幾乎可以說是一帆風順（我在這篇文章一開頭要先吹噓，希望各位看到最後會見諒，也會忘記）。我曾與貴族、富豪同桌共餐，也曾與世上最貧困的人同桌共餐。我曾經展現驚人的酒量。我曾經分配、幾年來也親自運送價值至少一億英鎊的海外救援物資。我是撒瑪利亞會的成員，也是一名警察。我曾在越南被控殺人未遂（當地的官員為了收賄而羅織的罪名），後來靠著在妓院唱卡拉ＯＫ而逃過一劫。

我曾攀登大金字塔，橫渡地中海，還曾鑿下查理檢查哨的幾塊混凝土。我走遍五大洲，在三個大洲的合唱團演唱，也曾憑藉外交豁免權跨越國界。我見過野外的鯨、虎、熊。我看過空襲、飛彈攻擊與槍戰，看過死者家屬的絕望，以及種族清洗受害者的茫然眼神。我也曾翻車，腿部中彈，還把自己的一顆牙齒拔掉。《時報》刊登過我的七封信件＊。我目前正在自費出版一本描寫單車騎士、極其粗鄙的詩集。

最重要的是，我愛過，也曾得到愛。愛包圍著我。我福杯滿溢。

綜觀三十萬年的人類史，四十六歲的我，活得已經比大多數的人類更久。也許你也一樣。就算我的人生之書比許多現代人短，但也不代表不值得一讀。人生

＊現在有十一封了！

就像小說或電影，長度與品質不見得相關。所以要及時行樂，也要繼續及時行樂。盡量以小小的作為，讓別人快樂一點。這其實就是讓自己快樂的祕訣。

第二個讓我寬慰的想法，是沒人知道究竟有沒有上帝，有沒有來生，但我覺得，我們的生命不可能只是在二個永恆的虛無之間，一抹短暫且隨機的意識閃現。在我看來，仁慈的上帝並不會比物理學對於這個世界所提出的最新主張更牽強。這些主張包括體積是虛幻的，宇宙其實是個立體投影，或是有無數個平行宇宙同時存在。我們幾近的直覺也許幾近正確：愛會比我們活得更久。

最後，我也一再想起，能活過這一場，就是莫大的福氣。能來過這世上，就像中了樂透。其實，僅僅是我們的出生，就需要一連串不可思議的好運，簡直就像一年當中每一天都中樂透頭獎。想想其中幾個：

機緣湊巧確實存在，並不是什麼也沒有。物理定律、力的強度，電子的質量都要恰到好處，恆星與行星才能形成。沒有生命的星狀塵以某種方式結合，並且自我複製，進一步發展成真核的複雜生命。複雜生命並不是只有蕨類與魚類而已，也演化出能意識到自身狀況的生物。物質開始意識到自己。

全世界有數十億人，偏偏是你的父親與母親認識、結合。他們產生了這麼多精子與卵子，偏偏就是製造**你**的那二個合而為一，進而繁衍，僅僅是這一點，就只有十億分之一的機率。你母親懷孕的那一刻若有任何不同，比方說晚了一個禮拜，或是一瓶德國藍仙姑的酒勁過去之後，你都不會出生。

從生物學與物理學的角度看，光是你在這裡看到我寫的東西，機率就已經低到不可思議，而更幸運的是，我們能生活在這個時代與地點。英國開普殖民地總理塞西爾·羅茲的言論，放到現在來看，單是有機會出生在西歐，就等於中了人生彩券的頭獎。我們也生活在人類史上最長久的和平時期，死於疾病與暴力事件的機率，是史上新低。我們也生活在極其富裕的時代，即使是最貧窮的人，享有的食物、能源、醫療、運輸、知識，以及司法資源，也勝過任何一位中世紀君王。

所以，我要是埋怨自己的壽命比許多現代人短，那可就大錯特錯了。我已經活了四十六年。這就像中了 Euromillions 九千二百萬英鎊的頭獎，卻埋怨還必須與另一位中獎者平分獎金一樣氣量狹小。

生命極其珍貴，也極其難得、極其美麗。你也是美好的。你現在一天說上二十次「我很好」，你可要知道它的意思不只是「我還好」。你是**美好**的。你是優雅的、獨特的、精雕細琢的，跟高級餐飲、精緻瓷器一樣精美！你說「我很好」，你的確很精美。我們常說自己很好，是在不知不覺中說了實話。

我們應該為自己的好運而陶醉，應該每天在桌子上跳舞。無論我的時間還剩多少，（誰知道呢？）也許在往後，我都會繼續跳舞。

我的癌症不配合

二〇二四年五月十三日首度刊出

我在二月份的文章，提到了我的末期預後，也列出幾個不需要太悲觀的理由。沒想到那篇文章的讀者人數，遠超過《澤西晚報》尋常的讀者人數。我很高興自己的文章，能吸引這麼多國家的讀者。很長一段時間，我甚至還一一回信給直接寫信給我的讀者。

幾位讀者建議我寫幾篇長文，我也有此打算。我想多談談先前提到的幾個重點，例如感恩與觀點，生命的難能可貴與美妙，寬厚，還有一起乘坐這台旋轉木馬的所有生物（尤其是我們）與生俱來的美好。我也想說幾個有損自己形象的故事，才不會有人以為我純潔無瑕。最重要的是，我想探討一個很明顯的矛盾：一個人有沒有可能平靜離開人世，不是因為厭倦了人生，而是因為熱愛人生？

不幸的是，我恐怕無力完成。我原本希望，最後一搏的免疫療法能多爭取一點時間，可惜我的癌症不配合。癌症不但沒有像陽光下的吸血鬼一樣枯萎，反而像騎著馬在我的身體各處馳騁，種下新的腫瘤。肝臟、脊椎、骨盆、胸骨、各種軟組織，並攻占更多的肺部。我的病情不是英國記者吉爾的「傳統英式」，但絕對稱得上廉價熱狗。我因為各種瑣碎的併發症而入院。雖然還會試試最後一種實驗藥物，但我應該會比預期更早加入無形合唱團。

所以，這是最後一封信，我打算寫些最後的想法。不過，首先我要感謝成千上萬稱讚我的文章、還有寫信與我交心的讀者。你們的支持鼓勵，給了我莫大的勇氣。這也再一次證明我向來堅信的人性本善。願意撥冗關懷一位完全不認識的人，願意敞開心門，指點我如何增進身心健康，並分享你們的想法與經歷，是一種真正無私的大愛。我很遺憾，往後大概再也無法回覆，但你們的來信確實帶給我無窮的快樂。

所以，我最後要寫一些想法，而不是寫「死亡初學者指南」（這個書名真夠蠢的，應該叫做「振作一點，你們這些混蛋」）。這些想法以這種方式總結、組合，看起來有點老套，還請各位見諒，但正是這些想法，加上我在二月的感受，才能讓我的心情如此平靜，如此滿足。

首先，請不要對這個世界的現況感到太悲觀。被我們戕害的大自然終將恢復，人類的本性仍是仁慈善良的。即使倒行逆施的人，也曾是天真無邪的孩子，只是命運多舛，受到傷害。邪惡不是名詞，而是形容詞。我們僅僅是活過這一場，能展現形形色色的美，擁有非凡的聰明才智，就應該為自己的好運而喝采。借用最近 Reith Lecture 的一句話，我們可是發明了大型強子對撞機，以及歐洲歌唱大賽的物種！我們該感恩的太多，值得一笑的荒唐之處太多，共同點也太多。

第二，每個人都大大改變了世界。即使不是慈善家，不是政治人物，不是業界龍頭，也能大大改變世界。英國作家喬治・艾略特在《米德爾馬契》說得好：「她的全部……付出在世上沒沒無名的地方。但她這一生的影響……無遠弗屆。因為這世界之所以能越來越好，或多或少也是不起眼的尋常舉動累積而成。你我之所以沒有落入不堪的境地，也要感謝那許許多多生前老實低調，死後無人問津的人。」

每個人的墳墓，用不了多久都會無人問津，但你帶給收銀小姐的微笑，掀起的效應會永不止息。描寫時空旅行的電影，多半聚焦在主角改變了過去的一件小事，無意間也改變了現在。同樣的道理，你現在改變一件小事，也許就能改寫未來。

我每次聽見別人說：「我只要運動，就能得到所需的快感。」就會覺得「你應該多見識見識」。其實人人都能得到免費的快感，不僅完全合法，還能立即見效。只要面帶微笑，看著陌生人的眼睛，尤其是表情淒苦、高傲、兇殘的陌生人。讚美別人、感謝別人。背地裡稱讚別人。下次開車有人招惹你，或是說話不客氣，就玩一個遊戲，想像一下對方這一天的悲慘遭遇，或是剛剛對方得知一個壞消息。主動找人聊天。我在時而縱情享樂的人生中，享受過許多不同的快感，這是唯一一種沒有副作用的。運動也算喔！

最後，請不要如此畏懼死亡。我們逃避死亡。依循毫無樂趣的飲食，奉行利益交換的原則，或是拚命享樂，拚命購物以蓋過死亡。我們談到死亡就岔開話題。但我們要是不會死，也就不是人類。我以前覺得，死亡是我們短暫人生的框架，但我現在認為，死亡就像**畫布**，每個人都是畫中人物。應該要談死亡。思考死亡，就不會太在意尋常的憂慮與爭吵。也要接受死亡。冥想以及（在他人指導之下使用）迷幻蘑菇也有幫助。

我現在認為，死亡或許不是我們最真實的自我終點，然而就算我弄錯了，也無所謂。我們向來都是更大整體的一部分，至少是永恆心靈的一個脈動，而且無論是否主動，無論是作為原子或是作為天使，我們都會回歸這個更大的整體。

願你的人生在幾十年後才會結束，願你孕育多位知書達禮的後代，願你歡宴、歡笑、航行、歌唱！願你的人生喜樂滿盈。如果你們有興趣，等你們跟聖彼得或是卡戎（編注：冥王黑帝斯的船夫，用船接載剛離世的亡魂。）辦好了入境手續後，希望到時候的我，能拿著一塊拼字遊戲板，還有一瓶慕斯卡德葡萄酒恭候大駕。

喔，對了，我那本關於單車騎士的粗鄙詩集，現在有附插圖的版本，在亞馬遜某個不為人知的角落銷售。如果你看見，請不要生氣（我以前也騎單車）！如果你無法接受最低俗的盎格魯薩克遜髒話……××，請不要看那本詩集。

死亡與鎮定

前言

這幾個月來我非常幸運，死亡幾乎已經成為我家的一份子，我卻依然如此平靜、鎮定，甚至滿足。至於為何會如此，我想到幾個原因，但我覺得為自己著想，也為大家好，最好還是一次全都說完。而且我也很幸運，還能有一些時間說這些。在五月（我在病床上撰寫最後一篇要刊登在《澤西晚報》的文章）我還以為自己沒有時間了，還好後來身體好了些，雖說很快就要兵敗如山倒，終究也撐到六月了。

我真心希望，這本書的內容，能給大家一些指引，但每個人的情況當然不一樣，感受也會不一樣。或許什麼感受也沒有。我寫這本書最大的擔憂，是面臨類似預後的人，看了這本書會覺得自己做錯了。天哪，如果讓你有這種感覺，那我真的很抱歉。究竟該如何面對死亡，其實真的沒有標準答案，我也絕對不會主張有。

不過，我覺得這本零散文章組成的小書，對於（但願）死亡還很遙遠、也許沒怎麼想過死亡的讀者更有益。這本書講的東西，你大概在其他書也能看到（包括那些油腔滑調的西岸自我成長書籍。不知為何，搭飛機的乘客能買到的，大部分都是這類書*）。這些內容無論好壞，都是我從即將結束的生命，所保留的一些碎片，希望能對大家有所幫助。

這些碎片是個人的、主觀的，絕對不是什麼教條，但也有許多警告。首先，

*拜託，拜託，希望你是在希思羅機場，或是甘迺迪國際機場買這本書！

對於臨終這回事，我顯然跟大家一樣都是新手，我講的也許都是些屁話。我當然不是心理治療師，不是安寧照護專家，也不是哲學家。我覺得我只是前線的記者，有幸能徹底看清走過的路，還有未來的路（我覺得很多臨終的人也一樣）。死亡最能讓人認清現實，我希望能與生命剩下不到幾星期的人，分享該如何認清哪些重要、哪些不重要。

第二，這本書的研究與參考資料都不怎麼樣。我看過不少資料，思索了不少，也經歷了不少。但我沒時間，也不想參考一大堆資料，確認一大堆事實。每當我覺得應該這麼做時，又會覺得好好享受活著的時間重要多了。所以這本書是講個大概，如果太單薄，太老套，還請見諒。

第三，雖然我認為自己能非常滿足（甚至非常快樂）面對生命的盡頭，確實是三生有幸，但我不希望大家以為我沉溺在太過樂觀的幻想裡。我常常笑，跟朋友一起玩得很開心，就連各種醫療大冒險的荒唐、沒尊嚴之處，我也盡量樂在其中（結腸鏡檢查搭配笑氣實在**太讚**了。我這輩子第一次紋身，是安寧放射療法在我的癌症骨轉移製造出來的，我很得意喔！）。但我也常常哭。有時是感動落淚，例如收到外甥與外甥女送的畫。但也是因為一種深沉的悲哀，無法與愛妻白頭偕老。想到她、我的家人，還有其他許多人會有多悲慟，我也不禁哭泣。這當然是正常的，我覺得無論準備得多好，無論有多能接受，都不能（也不可能）擺脫這種情緒。

最後，寫在書中的想法是我個人的，之所以寫出來，也有個自私的理由。我想留下一點點自己給我愛的人看。我想，即使不認識我的人，看到我寫的書，也能理解我的性格與觀點。但我也很高興，除了回憶與故事之外，這本書也把一點點的**我**整理在一個地方。而這一點點的**我**與真正的我不同，可以隨手闔上，也可以留在樓下的洗手間。

接下來的內容，可以不必按照順序閱讀。有些想法長篇大論，有些則很簡短，可能大部分禁不起細究。但若能讓讀者感到開心，或是幫得上忙，那我也很欣慰。

第一章　觀點

我覺得思考來日無多這件事，對我最大的幫助，就是能正確看待事情。之所以能正確看待事情，是因為能認清人生當中哪些重要，哪些不重要。我覺得每個人到了生命的盡頭，都具備這種能力。很少臨終之人會後悔沒花更多時間工作、擔心別人怎麼看自己，或是為了享樂不惜犧牲人際關係與友誼。從這個角度看，我自己並沒有後悔什麼，雖然我花了大把時間享樂。但我還是有所遺憾，覺得早該有能力定出人生的優先次序。

我們只能試一次，永遠不會知道死神的鐮刀何時會露出銀色的刀鋒。但我們花這麼多時間，去擔心後來證明一點也不重要的事。我們煩惱工作與收入，但研究卻顯示，收入在達到一個低得出奇的標準後，多一塊錢並不會更快樂（甚至還有可能讓人更不快樂。彩券中獎者幾乎都會更不快樂，甚至到頭來還更貧窮）。我們擔心子女，但其實研究證明，子女的性格與未來，取決於他們自己的基因，以及同儕的影響，而不是父母能否負擔網球課、是否緊盯功課（孩子只要有愛與安全感，就不會走偏）。我們擔心別人的評價，但其實別人很少把我們放在心上。

很多人都會犯的**嚴重**錯誤，是只跟比自己強的人比較，我覺得這是天性使然。社群媒體大概助長了這種惡習。我們看到別人刻意展示光鮮亮麗的剪影（或是在 LinkedIn 之類的專業平台，看見那種明謙虛暗自誇的搞笑貼文：「**深感**榮幸，能成為獲獎團隊的一員。在團隊的努力之下，阿肯色州非二元性別顧客的強化營養穀麥片消費有所成長」）。但人類大概從遠古開始，就喜歡與住在更豪華洞穴的鄰居攀比。每個人都有這種毛病。我最近幾年住在極其富有的地方，見過億萬富翁因為別人的遊艇比自己的好，而怏怏不樂。我也看過有人刷爆信用卡，就為了能擁有最新款的荒原路華。

想避免這種毛病，就要了解最重要的東西，其實是金錢買不到的，例如幸福家庭、愛、意義感、成就感、參與感，哪怕多微小也一樣。除此之外，還有一種很簡單的辦法，就是只跟不如你的人比較。我很幸運，這輩子常在世上最貧窮、最動亂的地方工作、生活，例如加薩走廊、尼泊爾、大半個非洲，也在英國的夜間收容所，還有自殺防治專線當志工。因此，我每次有所埋怨，總是很容易想起獅子山共和國的貧民窟、格拉斯哥的針具交換所，或是基輔被轟炸過的郊區的那些人，就會發現自己是何等幸運。

我覺得這是最容易讓自己快樂的方式。我有幸參與一項計畫，將澤西島居民送往開發中國家，在當地的慈善機構工作幾星期。這些志工在當地當然有不小的貢獻，但我覺得他們自己才是受益最大的人。他們得到新技能、新友誼、新經驗，不過最重要的還是收穫新的超強能力：可以立刻將自己日常的煩惱，和那些雨季要是再度遲到，就有可能餓死的人的煩惱相比（那些人雖有餓死的危機，還是每天讓孩子身穿漿硬白淨的制服，帶著微笑去上學）。

如果你無法到海外當志工，又沒體驗過貧窮艱困的生活，那就在自己的國家體驗看看。機會俯拾即是。也許你已經體驗過了。可以去施粥場、女性庇護所，還有，是的，自殺防治專線，你不但能有所貢獻，還能得到遠比自己的同事或是同一條街上的鄰居，更理想的比較對象。如果這些都沒有，那就看看貧窮艱困生活的記載。我覺得不要看太多新聞，畢竟新聞偏重負面報導，看多了對這個世界會太悲觀、太絕望（而且這種看法並不正確）。但還是要接觸那些被命運惡搞的人的真實人生，再拿他們跟數學被死當的阿飛，以及在超級市場停車場倒車，而撞上你的車的蠢貨比較。

第二章 冥想

我很晚才開始接觸冥想，到現在還是很不擅長。我覺得我大半輩子都沒搞懂冥想是什麼，以為「正念」是戒毒、五公里跑步之類的養生時尚，而且還要在軟墊上坐超久，既不舒服又無聊。我還記得有一次很輕率地將佛教與酗酒混為一談（我那時寫道，這二種都是要在一個地方坐很久、不太在意個人財產、臉上泛著快樂的微笑、看到偶遇的陌生人都順眼）。然而我最近發現，冥想其實簡單得出奇。

冥想的最大意義，是了解人生的真實面貌。我們有那麼多的時間都在睡眠狀態，都在自動駕駛狀態，都被內在的瘋子擺布。這個瘋子一直灌輸無關緊要的想法擾亂我們，還會重播過往的對話、擔憂不太可能發生的事情。藉由冥想，可以脫離這種沒完沒了的喋喋不休，也能了解我們並**不是**自己的想法的總和。想法與情緒會浮現，也會消失。過去只存在於記憶中，未來只存在於想像中。了解這一點，就能專注在當下，拋開煩惱（甚至連痛苦都拋開，只是我還沒到達如此境界），也會知道痛苦多半是我們自己製造出來的，包括自己的期待，以及無法體會自己的內心有多美。

有高人指導，冥想就會很簡單*。不要被錯誤的觀念誤導，不要以為一定要努力幾年，或是非得靜修，才能有所收穫。只要抽出十分鐘即可，這應該不難。首先練習聚焦在簡單的事情上面，例如呼吸，或是屋外街上的噪音（其實不需要

* 我覺得山姆．哈里斯的 Waking Up 應用程式，是學習冥想的利器。

完全寧靜與平靜）。很快你就能練就一種本事，一旦憤怒或是壓力太大，就能暫停下來，重回平靜與滿足。可能無法達到冥想大師那種極致的超然、平靜與幸福（我離這種境界還**很遠**），還是可以享有其他好處。

我覺得冥想的好處，還包括了解到「自我」多半是自己想像出來的，也很虛幻，所有的生命也是相互關連的。慈心禪也非常實用，就是練習祝福身邊的人，進而擴及所有人類與生物。有趣的是，東方的冥想傳統通常講究先善待自己，同理自己，然後再擴及親人、朋友、相識、你有些討厭的人，最後是全人類。西方的冥想也是依循類似的模式，但不見得一定要從善待自己做起，因為很多西方人都沒能做到真正愛自己。

我發現，想要真正同理其他人，首先必須願意同理自己。有些冥想技巧能派上用場，例如想像自己是個小朋友，以這樣的角度看待你無法寬恕自己的錯誤：即使當時的你很自私，做得不對，但也已經盡力了。我也覺得諮商與迷幻藥很有用，後面會再談到。但這種冥想與祈禱非常類似，就是一個人暫時聚焦在別人或是一群人身上，全心全意祝福對方脫離痛苦。

第三章　感恩

現在很流行每天寫感恩日記，寫下自己感恩的人事物。這是個好習慣，能讓我們領悟人生究竟有多美好。但我也發現，我思考二個重要得多的事實，才明白雖然四十六歲的我即將告別人世，但其實現在的我就非常幸運，而且已經幸運了一輩子。這二項事實是，第一：我們能誕生，已是非常幸運。第二，我們何其有幸，能在現在以這樣的方式活著。

我認為，無論你相信上帝創造宇宙，或是相信物理學（這二者其實並不矛盾），無可否認的事實是，我們身為自由、有意識的實體，能思考、能體驗、能愛，已是非常幸運的了。無論是有個慈愛、全能、不知從何而來的上帝，刻意創造這個會放屁、會哭會叫，又貪得無厭的傑作，也就是**你**，還是宇宙中一連串不可思議的因緣湊巧，造就了賽門．博阿斯這個人，很多人就是不夠重視自己能活著這件事。

我多半是以經驗、科學的角度，探討感恩這個題目，但得到的結論是一樣的。任何一位物理學家，都能從大爆炸、時空、物質的角度，分析宇宙的起源，但也會承認二點：這些之所以存在，是因為有某些非常驚人的「金髮姑娘」巧合（不過熱也不過冷），而且有許多東西不僅現在無法解釋，永遠也無法解釋。

宇宙是為了我們能活著而精心調整過的。英國物理學家史蒂芬．霍金寫道：「我們現在所熟知的科學定律，有許多基本的數字，例如電子電荷的大小，以及質子與電子的質量比……神奇的是，這些數字似乎調整得恰到好處，能有助於生命發展。」這樣的數字非常多，所謂的「人擇原理」（**一定**存在，不然我們就不會在這裡談論這些），也不會有損我們所享有的非凡好運：宇宙**是如此設定**（至少在大多數科學家要想解釋這個道理時，所需要提及的「多重宇宙」中是如此），我們也能**存在**，看見這些好運。

除此之外，還有造就我們藍綠相間的地球的種種巧合（名符其實的眾星眷顧）：宇宙的「黃金」時代，也就是多岩石的小行星唯一能形成的時期、我們穩定的軌道碰巧位在合適的星系，與合適的恆星碰巧相隔合適的距離、板塊構造、大月球與大氣層。即使有這些恰到好處的條件，生命的形成至今還是一項無法解釋的絕對奇蹟。（就我們所知，而且義大利物理學家恩里科．費米大惑不解的是）生命的形成顯然不是很多人以為的那樣普遍。形成的不只是生命，而是具有複雜生理機制、有性生殖的多細胞生物，演化程度**遠高於**基本單細胞生物。

後來出現了哺乳類，然後是猴、然後是人族，然後是我們。在我看來，雖然我們是演化而來的，但仍是宇宙最精緻的生物（或許也具備最強的計算能力），演化也不構成反對宗教的理由。無論你相信我們是宇宙計畫好的、必然會出現的成品，還是無數年來的壓力、滅絕與運氣意外造就的結果，我們應該時時慶幸人類的存在。

此外，我們的意識，也就是讓我們成為能體驗、有主觀、有自我意識的有機體的東西，至今仍完全無法解釋。神經科學家與哲學家稱之為「難題」。而包括物理學家與哲學家在內的某些人，則是深信意識是所有物質的固有屬性。至於其他人（多半是那些受到東方宗教傳統薰陶的人，但也包括好幾位西方物理學家，尤其是馬克斯・普朗克）卻抱持相反的想法，認為應該是物質來自意識才對。無論是怎麼回事，請稍微想想意識的奇妙，也想想我們能有意識，真是幸運到不行。

接下來，促使我能夠客觀看待自己死亡的想法，是不僅人類存在的機率很低，我成為人類之一的機率也很低。理查・道金斯在 Unweaving the Rainbow 一書的見解十分精闢：「我們都會死，所以我們很幸運。大多數的人永遠不會出生，所以也就永遠不會死……我們知道這一點，是因為我們的DNA能製造出來的人，遠超過實際存在的人。儘管機率低得驚人，平凡的你和我仍然得以誕生。我們是幸運的少數，能出生簡直像是中了超難中的樂透。死亡不僅是不可避免，也只不過是回歸絕大多數人從未擺脫的先前狀態，怎麼還敢埋怨？」

你的父親結識**你的**母親的機率已是夠低，**那個**精子還要遇上**那個**卵子，長成胚胎、囊胚、胎兒甚至嬰兒，機率更是低至一兆分之一（我自己做了十年的體外人工受精都沒成功，所以我太曉得一個人的出生有多麼難能可貴），簡直是低到不行。而且你出生在一個地方，與現在的許多地方不同（應該說與僅僅一、兩個世紀前的每一個國家都不同），醫學與醫療的品質，足以讓你活到成年。你也該思考這有多幸運。

我很清楚，即使以現代西方人的角度看，我的人生起點都是最好的。我有慈愛又富裕的父母，給我的養育與教育以二十世紀末的標準來看，堪稱極好，所以我可以說是出奇幸運。很多人確實承受莫大苦楚，遭受虐待、歧視、損失、貧窮、暴力，以及不確定性，不過我希望我這個中產階級白人男性，發表幾句感嘆各位讀者有多幸運的言論，不會顯得太不得體、太像在說風涼話*。

我們生活在富庶的社會，很多視為理所當然的東西，都是前人或現在的中非共和國小朋友得不到、夢寐以求的，但這種理所當然並不正常。在英國，沒人會餓死，也沒人會帶著兒女一起露宿街頭。教育與醫療資源雖然很有限，分配也非常不均，但還是有一定的品質，而且完全免費。我們也享有司法資源（這一點往往被低估），任何人殺你搶你，都無法逃過刑罰，自由與言論自由也不會被專制政府肆意剝奪。你不太可能因為分娩而死，你的稚子也不太可能死於經由水傳播的疾病。何況你擁有的**選擇**更是如此之多！

除非赤貧，否則人人都能在晚上享用法王路易十四或十九世紀報業大亨都難以想像的豐盛自助餐，愛吃什麼就吃什麼。超級市場販售的產品，可能比奧古斯特・埃斯科菲耶掌管的麗思酒店的食品儲藏室還要多。你要是不喜歡，還可以從

*神經外科醫師保羅・卡蘭尼希寫了一本好書，名為《當呼吸化為空氣》，探討他在三十多歲、接近四十歲的時候，罹癌病危的經歷。當時的他醫學生涯尚未真正開始。他的著作探討生與死、被奪走的未來、能學習、能留下的東西，深度遠超過我寫的這本書，而且文采斐然。不過他的成長背景與我同樣優渥，所以我在網路上看到一則書評寫道：「這本書的書名應該叫做《富人的死法》。我覺得這麼說有點不厚道，希望保羅常常回來，把寫這則書評的人的車鑰匙藏起來，但我也懂對方在攻擊什麼。

我的成長背景**確實**得天獨厚。私立學校、牛津大學。最重要的是擁有一個有愛的家庭。很多人私底下也看不順眼我的婚姻，因為我們夫妻到現在還會把情書藏在家中各處。我從事援助工作，收入也很高（但我也曾破產，我還記得得到第一份有給慈善工作，每月薪水八百英鎊，簡直欣喜若狂）。

當然這些都讓我走上後來的道路，不是每個人都有這樣的機會。所以，你如果跟很多人一樣，必須儉省度日，又看到我建議你試試旅遊、迷幻藥、做志工、接受諮詢、定出遺願清單，你大概會很氣憤。我要是道歉，或是用花言巧語掩飾我優渥的背景，未免太過矯情，但我確實**能體會**各位讀者的感受。我只希望我在這本書表達的大意，大家看了還是覺得有道理，且我的背景不會引起太大的反感（至少我打的嗎啡是免費的，我喝的慕斯卡德葡萄酒，每瓶只要五英鎊）。

許許多多世上最美味的佳餚，選擇你愛吃的，請廚師料理，再送到你家門口。旅遊雖說不便宜，很多人也沒有餘裕度假，但現在也有不少人幾乎可以造訪地球上任何一個國家，並且在二十四小時之內抵達（不需要搭汽船十個禮拜）。運用手上的裝置，就能吸收全世界的知識（還有一堆可愛小貓咪的影片）。要盡量想著這些，不要去想火車罷工、圖書館關閉，還有你家選區的白癡政客最新鬧出的無能事蹟。

我們都中了人生的樂透：能降生在這個世界，能生活在世界史上最富足的年代。所以我才在第二篇文章寫道，埋怨四十六歲的我即將不久於人世，就像中了九千二百萬英鎊的樂透，卻還埋怨必須與另一位得獎者平分一樣氣量狹小。我們的玻璃杯裝了半滿的水，也許不只半滿，想起這一點，就該歡欣雀躍，滿懷感恩。

第四章　上帝與宗教

癌症末期的病患突然相信上帝，相信有來生，是不是老掉牙的劇本？這有點像是二次世界大戰的那句話「散兵坑裡沒有無神論者」。死到臨頭才參與帕斯卡的賭注（不過在所有的法國神學騎牆論當中，我比較欣賞伏爾泰的。有人問臨終的他是否棄絕撒旦，他說，現在不是樹敵的時候）。我也可以辯稱，在我的喉嚨受不了我這麼多年來灌下去的垃圾，決定反撲的幾年前，我就已經懷抱下列大多數的想法，但那又怎樣？

我原本是英格蘭國教會的基督徒，後來開始覺得英格蘭國教難以理解，於是我的靈性做出短暫的最後一搏。（十四歲的）我加入英格蘭的十六個德魯伊教團之一。我對於以大自然為基礎的智慧，還有古代英國人的宗教深感興趣。但我也想擺脫我就學的、那間非常傳統的學校規矩：硬性規定我們去教會做禮拜。我認為，猶太人可以去猶太會堂，穆斯林可以去清真寺，那我也可以在星期天早晨，到大自然做禮拜（最好帶著一罐詩莊堡蘋果酒）。眼看這項訴求最後被拒，我立刻「皈依」天主教，就能造訪城裡其實不太有人去的聖伯多祿教堂，而不是去學校的禮拜堂。而在星期天，我覺得還是不要被人發現我早上十點還在睡覺比較好。我到麥當勞做禮拜。

我多年來都是個無神論者，不過就跟每個人一樣，我內在總有一個靈性的感官，能感覺不可思議與敬畏，有時也能感覺到自己與其他人及整個宇宙，有更深度的連結。但我始終堅持無神論，並不是因為大多數有組織的宗教顯而易見的偽善（甚至是危害。這些宗教只是人類必然錯誤地、且經常自私地解讀不可言喻的事物的方式），也不是因為深信科學能解釋人生與意識的重要奧祕（解釋不了，而且科學與上帝也完全不矛盾）。我覺得邪惡才是問題。

我真的不懂，如果**真有**一個慈愛的上帝，祂怎能允許這些慘絕人寰的惡事發生，而且往往是降臨在最不該承受的人身上。我以前說過，如果**真有**上帝，那祂也是個婊子。但大約在十年前，我找到了解決這個問題的辦法，順便也解決了「沒有證據能證明上帝存在」這種其實一點都不重要的問題。我解決的方法，就是下面要介紹的一種非常簡單的思考實驗。

無神論的二大主張（至少是我認為有道理的主張）如下：

一、沒有證據能證明上帝存在，既然如此，相信上帝就是愚蠢，而且：

二、這世界有那麼多慘事，例如眼絲蟲寄生在兒童身上，還有四十六歲的帥哥即將因為喉癌殞命。若真有愛世人的上帝，怎麼可能會坐視這些事情發生？

這些命題（我沒看見上帝，所以上帝不存在。這世上有，呃，惡人，所以上帝一定不存在）是密切相關的。世上若**沒有**諸般慘事，那就證明上帝確實存在，至少也證明我們已經活在天堂。總之，如果有證據能證明上帝存在，我們就不會是人類了（上帝也不會是上帝）。

想像一下，如果人人都能看見上帝，也許就像蒙提．派森的漫畫，是一張銀白鬍鬚的大臉，出現在一片雲朵上。那這個世界會有何不同？這個嘛，首先，我們大概會常常做禮拜。第二，我們會拚命做好事，會給無家可歸的人食物，會幫生病的人洗澡。老闆再怎麼努力想遮蓋越來越擴散的白毛症，雖然徒勞無功，我們也不會冷嘲熱諷。當然還是有好處，我們就能確信死亡不是終點，而且我們還能與所愛的人團聚，永遠幸福快樂，但也有許多壞處。我們要怎麼確定，別人對我們好，是因為內心善良，還是要在上帝面前討好？**我們**到底還能不能純粹做好事，而不是表演給天堂的監視攝影機看？＊

我們看得見（也能證明確實存在）的上帝，會像生活在北韓。誰也不會質疑最高領袖的存在，也會竭盡全力討好他。現在想像一下，兒童不會得到癌症。或者更糟的是，兒童罹患癌症，但只要有夠多人為他們禱告，就能痊癒。天哪，我雖然很感激有那麼多好心人一直為我禱告，但實在受不了這個。為什麼我就該康復，而一個沒人幫他祈禱的馬拉威孤兒，就只能等死？這個道理除了可怕的疾病，以及那些隨機發生、無法理解的悲劇之外，也能套用在每個人都會遇到的許多小小的壞事。正如演員麥可・貝茲在非常政治不正確的一九七〇年代情境喜劇 It Ain't Half Hot Mum（時代背景是英國統治印度的晚期）說道：「僅僅因為你有腳氣病、你老婆跟你最好的朋友搞在一起，並不代表你家就不會被燒光！」

＊**這就是**要求人們的行為符合道德標準，不僅不需要宗教，甚至有時候宗教與道德行為還是對立的原因。你考試不作弊、不殺人，是因為有一套戒律說這樣會害人（也會被別人懲罰），還是因為你真心認為不該這樣做？

即使我們看不見躺在天邊雲朵上的上帝，只要各種慘事沒有發生，只要人類不會任意殘害彼此，只要孩子能奇蹟似地永遠避開車禍，我們就會認為某種力量，也就是上帝，阻止了這些事情發生。這樣我們就回到北韓了。我們想做個真正的人，體驗人間的快樂與悲傷，唯一的辦法是壞事莫名其妙發生，而我們永遠不得而知究竟有沒有上帝。因此，上帝存在的證據，與人類究竟**有無**想像出任何上帝，是兩回事。

這種奇怪的神義論，排除了我在信仰路上的最大障礙，至少我不會立即排除信仰的可能性。讓我更加相信的，其實是科學。無神論者想必會冷笑著說（我以前就是這麼想），自從實驗法崛起，我們更有能力解釋從前無法解釋的事物，上帝就越來越式微。我們不再需要神駕著馬車把太陽升起，沒有信仰的人會認為，現在只剩下「掌管空白的上帝」。隨著物理學、生物學不斷進步，空白就一天比一天少。但這種想法不見得正確。

我說這些話，顯然暴露了我的無知，或許也是因為我缺乏信仰，我不相信至今未解的問題，不需要所謂的超自然力量，有一天也能得到解答（對，這**就是**一種信仰）。但至少我認為，看得越多那些解釋這個世界以及我們有意識的生命的最新研究，我越是覺得都是上帝的傑作。

牛頓早已被超越，（大多數物理學家認為）愛因斯坦與時空也會被超越。有幾種很有意思的現代理論認為，宇宙可能只是無限多的多重宇宙之一。每一個多重宇宙，也許從你剛繫鞋帶，或是沒繫鞋帶的那一刻開始有所變化。我們也許是生活在一個模擬中，我們自己也是被建構出來的（瑞典哲學家尼克・博斯特羅姆提出的這個命題，不僅是哲學思辨，也是機率可量化的經驗主張）。黑洞與資訊的不可破壞性悖論尚未解決，所以我們可能生活在二個維度中，等於活得像立體投影。

長期以來的爭議，是離奇的量子物理學，是否更有可能證實上帝確實存在。

一個只受過一點教育，全身都是嗎啡與慕斯卡德葡萄酒的垂死男人，也無法就這個題目發表什麼高見。然而**無可否認**的是，僅僅是因為人類*在觀察，就能改變粒子的行為：既是粒子，也是波。沒有相互作用，確實很難證實粒子存在。這只是機率的波函數。精采的是，這也適用於我們對於「時間」概念以外的事物。很多物理學家認為，時間本身並不是真實的。我們可以觀看十億年前發射的光子，而且僅憑觀察，不僅能改變光子現在的樣貌，也能改變以前的樣貌。

物質與意識之間，有一種非比尋常的關連**。這一切都讓我覺得，認為一個慈愛的上帝創造了宇宙，並且我們都是上帝創造的產物，是很正常的想法（除非刻意抗拒這種想法）。我覺得**由此可見**，我們的意識現在居住的這一堆肉體組織、怪癖、希望殞滅之後，確實有可能還會有一部分的我們繼續活著。雖然無神

*神奇的是竟然不是攝影機，除非插了電！

**至少是生物，不過也很難確定單細胞生物會不會影響觀察者效應。

論者想駁斥這點，但我們的生活經驗常常吻合這種觀點。我們**確實**會經歷愛、超然、敬畏、感恩，以及與其他人合而為一。雖然這些並不能證明什麼，但**我**確實認為，除了人類之外，還有某種力量存在的這種想法，並不會很愚蠢。

那我該怎麼辦？這個嘛，從某個角度看其實不重要。但我覺得自己至少不再是無神論者，也得知關於我的存在可以有許多不同的解釋。也許我是某種「泛自然神論者」或「泛神論者」，也很喜歡某些佛教（大圓滿）與印度教（吠檀多不二論）的非二元世界觀。總之，我不再害怕死亡是一切的結束（就算你**相信**死亡是一切的結束，也不該害怕）。我在一篇文章寫過，我以前認為死亡是一切的**框架**（就像那幅美麗的盎格魯撒克遜圖像，一隻燕子飛過燈火通明的宴會廳，穿過二端的窗戶，在寒冷的暴風雨之夜暫時棲身）。我現在認為死亡是畫布，每個人都是畫中人物。死亡不只是與生命交織，也是生命不可或缺的原料。

第五章　諮商

我的妻子、妹妹，還有妻子的姐妹，全都是諮商師、心理學家，為此我頗感自豪。而且我對她們接受的訓練，以及後來的工作都很有興趣，所以我也堅信，諮商具有神奇的力量，對每個人都有好處。儘管如此，輪到我自己接受諮商，我卻很抗拒。我要**談**什麼？我又沒受到**創傷**！是，我就讀只收男生的寄宿學校時，那些男生還很野蠻。是，我在很多方面遊走在放縱的邊緣。我曾經中槍，親眼目睹殺戮，也曾住在戰亂的地方，在加薩走廊還好幾次窗戶遭到破壞（窗戶被衝突雙方弄壞的次數，正好一樣多）。但我都挺過來啦！

說來湊巧，我是在確診癌症的一年前，終於下定決心要找一位諮商師，這也是我做過最正確的事情之一。阿曼達是最棒的，溫和引導我說出從來沒提過的事，也聰慧到能察覺這些事情之間的關連。我覺得諮商其實沒什麼神奇的，純粹是談談，就能起到很大的作用。撒瑪利亞會也有個原則。並不是每一位來電者，都急著想自我了斷，但確實都深陷痛苦的煉獄。而聊了一小時之後，大多數來電者的心情都好轉些，甚至還會感謝你的建議，但其實你根本沒給建議（撒馬利亞會也不允許我們給建議）。稱職的諮商師，會引導你了解自己擁有的選項，而不是告訴你該怎麼做。

我除了鼓勵大家接受諮商之外，主要還有二個建議。第一，花點時間挑選一位能與你溝通無礙的諮商師。諮商有許多不同的風格（佛洛伊德式、個人中心、完形等等），最好研究一下哪一種最適合你（如果不知該如何選擇，不妨從人本開始）。也要注意，「諮商師」並不像「醫師」、「心理學家」必須具備合法資格，任何人都可以自稱是諮商師，所以最好確認對方是否經過合格訓練，是否在合格的專業機構登記。但最重要的是，多找幾位談談，不見得一定要選擇你遇到的第一位。

我看了一份澤西島的合格諮商師名錄，列出三位我覺得不錯的。有些諮商師第一次諮商是免費的，但就算要收費，我覺得也值得。有一次我就是這樣避開地雷。我拜訪一位很有名氣，甚至還有博士學位的諮商師。諮商進行到一半，我說我正在考慮幾位諮商師，看看哪一位最合拍。他說：「什麼？你講這種話，有沒有考慮過**我**的感受？」我謝謝他亮出這麼大一盞紅燈，離開時，覺得七十英鎊花得很值得。

我的第二項建議，是「堅持到底」。至少要諮商六次，再評估自己的感受。一次二次的作用有限。是，我知道這聽起來像負擔得起諮商費用的我在說風涼話，但（為大局著想），付幾百英鎊改變你對自己的看法，比度假或是奢華汽車划算。而且，天哪，後來我發現自己病得不輕，而且買到的是通往癌症國的單程票，能有阿曼達可以傾訴，確實有莫大的幫助。人到了臨終，會有各式各樣的情緒：恐懼、內疚，放心不下深愛自己的人，將這些情緒化為言語，是最好的辦法。

別再咬緊牙關硬撐，也別再自以為是，認為只有情緒失控的人才需要「接受治療」。也不要認為你的摯友或是感情深厚的另一半，能當你的諮商師（這種能交心的關係固然重要，但指望他們當你的諮商師，對他們來說並不公平）。與專業諮商師合作，你的人生會大有不同。

第六章　其他人的喪慟

這也許是最難寫的主題，我先前也說過，我覺得大概沒辦法做好準備，也無法減輕。這幾個月來，我一直在想這個問題，一想到還是會落淚。我很樂意討論即將面臨的死亡的每個層面，從醫學到形而上學都願意談，但我最難回答的問題是：「奧蕾莉還好嗎？」

已故的伊莉莎白女王是我所知最睿智、最善良的人。她在丈夫菲利普親王過世後，說了一句關於死亡的至理名言：「喪慟是我們為愛付出的代價。」喪慟讓人衰弱，任何時候都有可能突然降臨，而且維多利亞時代的人，還有瑞士精神科醫師伊麗莎白・庫伯勒—羅絲都錯了，喪慟是沒有次序，也沒有時間表的。不過對大多數人來說，喪慟**確實會**過去，至少隨著四周長出新生活的綠芽，也會減緩。逝者永遠在你身邊，但你想到他們，「痛苦」按鈕按下的次數越來越少，你的愛好、友誼，以及意義感，就在你所愛的人仍在出力滋養的土地成長＊。

關於喪慟這個主題，現在有非常好的參考資料，但這本書並不是其中之一。我沒辦法給出該如何因應比另一半先走，或是比父母先走的建議。我再怎麼回顧這一生且欣然離開，希望這樣能讓他們到時候較能接受，他們還是會因為意識到再也見不到我，而感到孤寂。至於丟下子女，我永遠無法完全理解這種痛楚，只能表達深深的同理與同情，再多說就是矯情。無法生育是我們夫妻最大的悲哀之

＊有幾則簡單的漫畫，道盡這種觀念。在Google 搜尋「方格裡的喪慟球（grief ball in a box）」以及「湯金喪慟模型（Tonkin's model of grief）」（以喪慟專家露伊絲・湯金命名）。重點是喪慟本身並沒有變小，只是你的人生變得更寬闊。

一，我們最終還是得接受。沒有子女，現在也許比較輕鬆，但我一想到愛我的人因為沒有子女，日後的人生會有的空白，我就無比悲傷。

那能怎麼辦？在你離開之前，可以確保你在乎的人有可靠的人可以傾訴，可以依靠。另外，要盡量向家人強調，不要悼念你太久，不要以「寡婦」、「孤兒」自居，雖然社會及心存好意的朋友會這樣看待他們。我覺得專業諮商很重要，我看過痛失至親的人，跟擁有同樣悲慟遭遇的人相處，能得到不少收穫。

我也盡量在生前完成多幾項死亡事項，奧蕾莉就不必處理＊。（我以前希望自己突然死掉，比如大家熟悉的被公車車輪碾死，但從務實面和心靈面來看，能有幾個月預作準備，把事情料理好，算是上天眷顧。）能有時間寫下財務、密碼、保險等等的資訊，是件好事，拜託也不要像百分之五十的英國成年人一樣沒

＊不過我**還是**沒辦法把汽車保險、房屋保險，改到奧蕾莉的名下。跟機器人、客服中心聊了一個下午，就連我依然正常的耐心與幽默感也耗盡了。

立遺囑。我發現如果**有**最終的願望，也不必等到死後才執行。現在就將小小的財寶送出去！

不過我最常想的，還是我自己留給別人怎樣的回憶。我希望別人想起我，臉上能有大大的微笑。我盡量引導別人，把我當成一本他們慶幸自己讀過的書。每個人的人生都像一本書：我們在某些人的書中，只是一個段落，一個註腳，在其他人的書中，則是一章、一冊。但我們不會占去別人的一整本書，即使是另一半、父母，或是子女的書也一樣。我們是**他們的**故事的角色，而在我們走後，他們還會繼續撰寫動人的篇章。

僅僅是因為某人比你先走，並不會改變此人留在你書中的美好篇章（以及痛苦、憤怒等等）。要專注在質，而不是量，也不要一直糾結在已經結束的事實，就好比你也不會一直糾結在你讀完、看完喜歡的東西的事實。只要慶幸自己看過，他們也會永遠留在你自己的故事中，便已足夠。

第七章　其他人

我這樣說很像一個討人厭的嬉皮，但我覺得還是應該跟大家說。從其他人身上得到快樂，真的很容易。帶給你快樂的不只是親朋好友，也不只是跟你有同樣愛好的人。你走在城市、商店，或是醫院，素不相識的人也能讓你快樂。我自從知道這個道理後，人生完全不同了，死前的時光也變得如此美好。

大多數人在大多數時候，都是緊閉心門過日子。我覺得大城市的人尤其如此，然而在埃及開羅，或是盧安達首都基加利，在大眾運輸系統上跟人聊天，仍然是正常的行為，不會被人當成瘋子。無論哪個地方的人，都想跟別人交流，骨子裡也有慈悲、愛人的天賦。有些人以為人類都是獨來獨往、自私自利，這種想法絕對不正確。我有幸能在危急之際，看見人性的光輝，例如在空襲，或車禍後。大多數的人都會放下手邊的事情，往往冒著很大的風險，盡力幫忙。我也有幸能從讀者對我在報紙發表的文章的反應，看見人性的光明面。素不相識的讀者，也會抽空來信為我加油打氣，說些極為貼心的話。

我說過，我不會列出很多參考資料與書籍，但你若是質疑我的說法，那我真的建議你看看羅格．布雷格曼的《人慈》。這本書講的是真實故事，六個東加男孩出門釣魚，結果出了狀況，困在一處荒島幾個月。他們在這段期間互助合作，互相照應，直到獲救。這本書也引用嚴謹的研究，證實人類有善待他人的本能。這本書駁斥了許多得出相反結論的知名實驗（例如史丹福監獄實驗）與迷思（例如「旁觀者效應」）。過去十年來，社會科學越來越認為《蒼蠅王》只是個虛構的故事，人類其實比較像這些去釣魚的東加小朋友。

我自己的經驗也證實這一點。我在撒瑪利亞會接聽電話，聽見許多暴行的故事，也常常與施暴者通話（許多囚犯也會撥打諮詢專線）。我在巴勒斯坦、烏克蘭、獅子山共和國，都曾見過慘遭酷刑的受害者。我也曾與多位犯下不堪入耳的罪行的巴勒斯坦各旅的戰士，共飲啤酒（阿克薩烈士旅、阿布·阿里·穆斯塔法旅，甚至還有伊宰·丁·卡桑烈士旅以及聖城旅，這些伊斯蘭主義者在沒人注意的時候，還是喜歡喝一杯的）*。我在盧安達待了很長時間，幸虧當地政府高瞻遠矚的「加卡卡」和解過程，當初一九九四年種族屠殺的受害者與加害者，如今得以和平共處。我的結論是：沒人是惡人。

「好人」常常做壞事，「壞人」也常常做好事。但我不太認同某些宗教的教義（不過話又說回來，這些教義現在的主張比較接近諷喻，而不是事實），我不

*我不會透露我曾經動用聯合國的外交特權，在加薩走廊幫哪個哈瑪斯部長偷運威士忌。但給了威士忌，他們的安全部隊就不再逮捕我的員工。

認為世上有「邪惡」的東西或力量。我認為沒有惡魔，當然也沒有地獄，也沒有人是全然或天生的「壞人」，即使是大家熟知的、二十世紀所謂的壞人也一樣。邪惡是形容詞，並非名詞，作惡之人自會受到應有的譴責與懲罰。但若是看得深一些，就會知道明白一切，就能寬恕一切。

惡行並不是憑空而來的，而是有其起因。通常是源自加害者內心深處的傷痛，但無知也是原因之一。了解這一點，就著實能理解、能同理每一個人。修復式正義計畫大獲全勝，就是很好的例子。今天早上我看了一篇報導，嚎啕大哭。有位母親的兒子，被喝醉的兇手打死。母親與兇手後來成為朋友，她從原本積極呼籲延長兇手的刑期，轉變到竟然能和兇手一起到學校演講，談暴力、後果，以及寬恕。

我可能有點離題了。我並不是要大家多結交殺人犯與強姦犯（不過盡量寬恕，至少理解曾虧待自己的人，確實有莫大的好處*）。不過，只要對陌生人溫暖地微笑，說些暖心的話，幫年輕媽媽把摺疊嬰兒車放進汽車裡，就能發揮強大的效應。首先，**對方**會因此心情愉快，因此很可能會以同樣的方式善待他人。第二，這樣做對**你**也有好處，你會發現接下來的一整天，精神都很振奮。最後，每個人都能受惠，因為大家互相信任，社會就美好多了。如果大家都很自大、很令人恐懼，或是躲在為了保護自己而設置的壁壘後面，那就更好了。

抱歉，我說這些話好像顯得自己像個聖人，我其實沒那麼高尚。我大半輩子都是個大爛人，也曾傷害幾個人，至今仍深感懊悔。但這個建議絕對是正確的，誠心建議你試試。這是一種任誰都能培養的能力，它能發揮莫大的力量。

＊我最近努力寬恕一位醫師。這位醫師一年來始終堅稱，我得的是胃食道逆流，而不是癌症，所以等到確診癌症的時候，已經是第四期。我也很想寬恕我幾年前開除的一名員工。這名員工得知我癌末的消息，竟然馬上去問幾位董事，我空出來的職缺何時會公布！

第八章　迷幻藥

現在有大量研究證實，賽洛西賓（迷幻蘑菇所含的化合物）之類的迷幻藥，確實能治療多種疾病，包括難以治療的憂鬱症、成癮症，以及因為像我一樣身患絕症、在臨終時的焦慮症。也有不少科學證據顯示，精心規畫的高劑量迷幻藥所產生的幻覺，幾乎對每個人都有益，即使是無病無痛的人也一樣。我有幸在確診癌症大約六個月之前，經歷過一次迷幻的旅程。我今年又經歷了一次，就在「晚期」即將變成「末期」之際。我不想在這本書一一列舉科學研究*。我也知道，聽別人經歷的幻境有多無聊。但我覺得稍微說一下我的經歷，還有我的心得，提供一些建議給打算走這條路的人，應該對大家有幫助。

首先要說的是，你應該放下迷幻藥是違法、危險的既有印象。迷幻藥確實違法，也很危險，但在有人指導的環境，以安全的方式使用，跟在野外或在宴會上胡亂嗑藥（或是在布倫海姆宮的迷你高爾夫球場，非常抱歉造成相關人士的困擾），還是有天壤之別的。迷幻藥的神奇力量，並不是扭曲現實，也不是帶給你美好的幻覺，而是暫時分解你的自我，暫時關閉你大腦的預設模式網路（就是你內心喋喋不休的自傳與自我批評，感覺有點像跟瘋子生活在一起，這種預設模式也會害我們分心、擔憂，冥想也能解決這個問題）。迷幻藥也是作用強大的宗教致幻劑，能帶給你深刻的心靈體驗，還有超然且快樂的心境，你不但能看見，還會覺得接觸到最純淨、最原始的事物。

＊不妨從麥可．波倫所寫的好書《改變你的心智》看起。

大多數的文化，都有將迷幻藥用於儀式或治療的悠久歷史，即使是那些並不會以吟誦、舞蹈、呼吸法，或是祈禱，改變意識狀態的文化也一樣。只要以安全的方式使用，並不需要害怕，但還是要謹慎使用。要注意的二個關鍵是「環境」（在何處服用、如何服用），以及「設定」（你的心態與預期）。

我曾與二位經驗豐富的導師合作（其實是一對夫妻，也是我遇過最和善的人）。週末的「靜修」一開始，會進行各項活動，逐漸熟悉彼此，信任彼此。然後再透過冥想，專注接下來的事情，也摒除腦中的雜念。我布置了一個「祭壇」，放上家人的照片，還有對我來說別具意義的收藏品（包括聯合國發給派駐危險地區人員的《安全指南》！）。隔天我們再度冥想後，我到野外走走，尋找三樣能代表我希望從這次經驗獲得的東西：我希望生活中能減少的東西（諷刺的是，我希望每天晚上能減少擔心自己的健康，我選了一個刺作為代表）、我想保有的東西（俏皮與淘氣，以蘑菇代表），還有我希望能有更多的東西（對別人的同理心，以漿果代表）。

「儀式」在第二天的下午開始，使用三克的乾燥迷幻蘑菇（我後來需要加到六克。我對於酒還有所有毒品的容忍度高得離譜）。二位導師靜靜與我坐在一起，音響播放著精心挑選的靈性音樂*。接著戴上眼罩，注意力才會集中在內在，而不是外在的環境。現在真正嬉皮風的階段即將開始，為時五小時，我就簡短介紹。

「藥效」開始發作的時候，我所經歷的第一種感受，是一股強烈的喜悅，甚至是幸福感。我感到有一股力量指引著我（以一隻頑皮水獺的姿態出現在我眼前），對我說：「好好享受就好，別這麼嚴肅，教訓以後才會到。」我笑了又笑，有一種很神奇的感覺，彷彿這世界很美好、無懈可擊。我開始很能同理自己

*播放的音樂，是依據倫敦國王學院為了研究賽洛西賓治療憂鬱症的成效，而進行大型實驗採用的播放清單。我知道排笛與電子樂版本的民族詠嘆聽起來有多倒胃口，但還是建議你試試看！

的困擾與憂慮，也領悟到我只要盡力而為，這樣就夠好了。不久之後，這種想法擴散到每一個人，他們也只要盡力而為。這感覺像一種超強的力量，我將它套用在曾經傷害我的人身上，甚至在俄國軍隊負責拷問的人員身上（我最近才從基輔回來）。我感到一種無比強烈的同理心，能同理每一個人。這種感受深化成一種美妙的感覺，覺得每個人都是相連的，都在參與一場盛大的宇宙舞蹈，舞蹈的核心正是善意與愛。

你看了這些，口中的玉米片可能會噴了出來，心想：「一派胡言。」但我只能說，這種感覺非常真實，而且一連幾個月都難以忘懷。我做事變得較為穩健，也較為深思熟慮，冥想的深度也遠勝以往。我那時覺得（至今依然覺得），我們都是同一棵樹上的樹葉，時間到了就會繁茂，也終將掉落、腐朽，但始終是一個永久的、難以形容的整體的一部分（一個月後，我在SAS接受為期三天的嚴峻環境訓練，歷經各種充滿壓力的可怕情境。他們沒想到我樂呵呵完成所有訓練，於是恨恨地給我取了個綽號「甘道夫」，通常前面還會加個「該死的」）。

我第二次的體驗與第一次不同，我就不再贅述了，免得你覺得無趣，只能說連結與平靜的感覺更強烈了，也瞥見了可以稱之為「神聖」的東西。我也有一種很神奇的領悟（我在專欄文章寫過），不僅每個人都是美好的，而且我們每天都這麼說，只是自己渾然不覺。別人問候時，我們都說：「我很好。」但這句話不只是尋常的「我沒事」（拜託別煩我！），我們確實都很美好。你真的**很好**。你是精心製作的成品，完全適合你的環境，也充滿潛力、同理心、幽默感，以及智慧。你說「我很好」的時候，也要記得這一層意義！

我覺得幾乎每一位讀者，都該試試迷幻藥（但你若正在服用某些藥物，或是患有某些心理疾病，那最好還是不要）。在荷蘭可以合法服用迷幻藥，好像西班牙也可以。要做功課，也要跟能協助你做好準備的機構合作（所謂做好準備，意思是事前該填的問卷都要填，該做的訪談都要做）。也要注意他們在結束後，花多少時間「整合」。一定要花些時間，了解你剛才學到些什麼，以後又該如何運用在生活上。我覺得每個人一生中都該體驗至少一次，迷幻藥確實在我生命的盡頭幫了大忙。我還是不知道，究竟有沒有上帝，有沒有來生，但我至少願意接受這種可能性。我也能客觀看待我的生命與死亡，對死亡殘存的恐懼，也因此消失無蹤。

第九章　靈丹妙藥、希望與接受

這一篇一開始的幾段，**確實是**寫給跟我一樣的末期病患看的，不過我希望其他人看了，跟我們相處會更為得體。

我現在癌症纏身，一直想找人玩 Top Trumps 遊戲，就能炫耀我身上的腫瘤有多大、多嚴重。腫瘤就跟我全身上下的軟組織與器官，還有從鎖骨到腳跟的骨頭一樣，該死的從我身上凸出來了啦！我不想用薑黃撐過去，至於別人在試的基因療法，如果我是超級幸運兒，那也許可以換取幾個月的壽命。然而，幾乎每天都有好心人，寄給我一些資訊，包括最新醫學進展，還有神奇的禱告小組與牧師，治癒了醫師顯然束手無策的各類病患。這些東西之所以會讓人有點惱火，有二個無聊的原因，但還有一個更重要的原因，我認為與我們應對死亡的核心方式有關。

第一個無聊的理由是（本書後面附有跟臨終者互動的簡短指南，會再提到這一點），別人若是願意承認、而不是輕描淡寫我不久於人世的事實，才是真正為我著想。我其實很喜歡談論這個，也希望不只是我，而是與我對談的人也能有所收穫。然而，別人要是堅稱我能康復，甚至（不經意）流露出我就是不夠努力才沒能好轉，這樣根本是沒在聽我說話。把難受的情緒、尷尬的對話全都掃到波斯地毯下方是比較輕鬆，卻不叫體貼。

第二個原因比較貼近神學，也較為個人。我先前提到，我相信有一個不會以具體手段干預世事的上帝，這樣我就會覺得邪惡與受苦的問題有所減輕（不過我現在來日無多，所以覺得人間幾乎處處有愛，處處有善意！）。我不想活在這樣的世界：上帝治癒一個人，就只因為此人相信祂，或是因為夠多人為此人禱告，而任由其他人自生自滅。

無神論者當然會這麼想。無神論者克里斯多福．希鈞斯就在臨終之際寫道：「宇宙聽見『為什麼是我？』這種蠢問題，都懶得回答『為什麼不是你？』」但我也覺得如果你信神，那就不要懷有不公平、「為什麼是我？」的想法。如果直到最後，你都覺得是上帝惡整你（但你可能可以改變上帝的想法），那你到死都會覺得不公平、遺憾，不會想到每個人從一開始就得到的非凡恩賜，也就是生命。

不過最重要的是，我發現希望與接受是對立的。我聽過幾起「悲哀」的死亡，幾乎是直到臨終都還在尋求解藥，希望有奇蹟出現，甚至不惜出院，最後弄得自己希望落空，含恨而終。我也看過許多癌症病友，耗了太多時間在新療法、實驗性藥物，以及臨床實驗上。有時是因為自己怕死，有時則是因為來自親朋好友的壓力（更糟的是來自醫生的壓力），覺得自己至少該窮盡一切辦法。但這只會折磨自己的情緒（往往也折騰身體）。

其實每個人都能接受死亡，而且接受死亡能改變人生。所謂接受死亡，並不是把死亡當作解脫，但我也能理解，有些非常不幸的人為何這麼想，甚至但求速死。接受死亡不是完全不在乎死亡，或不珍惜生命。接受死亡的真諦是，知道死亡是不可避免的，人人皆難免一死（對，你們這些矽谷億萬富翁，就連你們也會死！）。死亡就像出生、青春期、單相思，快樂那些一樣，是人生的一部分。

我發現佛教關於死亡的教義很有道理。核心的概念是**一切**都不是永恆的，硬要裝作不是，只會害自己痛苦。我們執著，我們渴望，我們懷抱不切實際的期待，我們失望。能知道一切都不是恆久的，出生與死亡都是循環的一部分，甚至我們經常稱之為「自己」的東西，也不是恆久不變的觀察者，而是仔細觀察就會看出的假象，就能享有無比的平靜，甚至開悟。

斯多葛哲學對於準備死亡、接受死亡的觀念也值得參考。坦白說，我對此所知甚少，也懶得再為了寫這短短的篇幅去做研究，反正我又不是要寫長篇大論。而且，我完全不具備斯多葛主義者的特質（尤其我一輩子討厭節制，無論什麼我都不想節制。我喜歡更瘋狂的音樂，更烈的酒，直到盛宴結束，燈熄滅）。一個合格的斯多葛主義者回顧自己恪守本分的一生，應該會感到平靜，但除了平靜之外，我覺得斯多葛主義有三個值得我們學習的地方。

首先從我覺得最難、也最沒有用處的一項說起。斯多葛主義者認為，人一死就什麼感覺也沒有，沒有恐懼，沒有痛苦，也沒有焦慮，所以又何必怕死？邏輯上來說是這樣沒錯，有些人若能這樣想，就比較不會害怕，尤其是煩惱已經夠多的人。但大多數人害怕的，恰恰是什麼也**沒有**（即使這種恐懼嚴格來說並不埋性）。沒有視覺、沒有聽覺、沒有觸覺、沒有味覺，也沒有嗅覺、沒有思考、沒有要愛要交流的對象、沒有人能從中甦醒。儘管如此，**死了**就沒什麼好怕的。

第二個論點可能比較實用，許多哲學與宗教也認同。我們對死亡無能為力，所以害怕也沒有意義。一輩子都在埋怨自己無力控制的**任何**事情，會是失敗的人生。死亡是最終的必然，即使我們經歷了痛苦的排毒與血漿注射，也練就身穿萊卡，開著小車捱過塞車的本事，**還可以**爭取到多一點的時間，但那也不會很**長**。你總有一天會是現在的我，而且你對此無能為力。正如禱文所言「賜我平靜的心，去接受我無力改變的事。賜我勇氣，去改變我能改變的事。賜我能明辨何者能改變，何者不能改變的智慧。」

斯多葛主義最精闢的智慧，是勿忘人皆有一死。永遠要記住，你終將一死，搞不好明天就死了。但這並不代表人生沒有意義，反而讓人生有了目標。要定出優先次序，不要無謂擔憂，該做的事別拖延。要把握人生！這聽起來很悲觀，但你若能每天稍微加強這種想法，就會覺得所愛的人更可愛一些，色彩更鮮豔了些，壓力也沒那麼大不了了。等到死神突然騎著骸骨摩托車現身，無論是接你還是別人，你也會比較樂意請祂喝杯茶。

我覺得接受了死亡，整個人都能得到解放。我們誕生又死亡，至少是回歸自然，或許也會回歸發動這一切的力量，一向是如此，我們無力改變。不願接受，掙扎求生，指望新藥或是神力能救命，都是逆天行事。

第十章　思考死亡

我想，多年來我時常思考死亡，就像斯多葛學派哲學家常思考死亡一樣，或多或少讓我有所準備。不過，思考死亡並不容易，我有很長一段時間，都有一些未解的疑問，對死亡感到恐懼，還會不時懷疑自己來日無多，所以明明身體健康得很，還是堅持每隔幾年就做包括影像檢查在內的各類檢查。（所以我現在才覺得好笑，醫師竟然花了一年才診斷出我的喉癌，這才是我唯一真正需要做的電腦斷層掃描！）

現在的人多半很難遇到死亡，這在人類史上是前所未見的現象。即使是一百五十年前的人，大概也會經歷父母死亡，也許是兄弟姐妹或是子女死於如今已經可以預防的疾病。當時大多數的人會死在家中，而不是醫院。現在的人多半一輩子也不會上戰場打仗，不會知道自己「在某個有爭議的領土，跟死神有個約會」。很多人甚至連死人的屍體都沒看過。

我的經歷之所以稍微不一樣，有意外的成分，也有刻意安排的緣故。我在十六歲那年，亦即一九九三年，第一次加入前往戰區的救援車隊，造訪波士尼亞莫斯塔爾附近的難民營。那裡的亂葬崗，還有幾處被炸毀的村莊，讓我飽受衝擊。我將近二十歲的時候，在柬埔寨度過幾個月。第一次是在紅色高棉還在打仗的時期。第二次則是在洪森的血腥政變時期。跟我差不多年紀，或比我年長的人經歷過的殺戮戰場，還有不久前才發生的紅色高棉大屠殺，讓我頗為震撼。我在越南居住期間，一小群美國退伍軍人吸引了我的目光。他們想將古老的鬼魂，安置在越南早已廢棄的登陸區，藉此療癒自己的創傷與內疚。

後來我從事救援工作，在我造訪的許多地方，死亡都是家常便飯。有些人才死不久，另有一些人是瀕臨死亡。在貧窮的國家，還有人會殺掉五名子女其中的二名。我在偏遠的村莊與骯髒的貧民窟，看見心力交瘁的家庭，他們真的不知道下一頓飯在哪裡。我在敘利亞的難民營，在烏克蘭，在獅子山共和國，以及在盧安達結交的朋友，承受過最不堪的苦難，有時是鄰國掀起的苦難。我在第二次巴勒斯坦大起義晚期，移居巴勒斯坦，幾度親眼目睹死亡：加薩走廊遭受空襲，耶路撒冷遭受轟炸的慘況。我的妻子是伯利恆郊外一場駭人車禍的唯一生還者。我曾目睹站在我身旁的人身中數槍，我在他死前一直握著他的手。

即使在英國，我接觸到的死亡事件大概也比大多數人多。我十幾歲的時候，在街友夜間收容所工作四年（是啊，好大的道德光環，但我最大的樂趣，其實是跟這群五湖四海的朋友一起出去乞討，在街頭喝酒！）。我有幾位海洛因成癮的朋友孤獨死去。我也參加過幾位身無分文的死者喪禮，場面還更為冷清。這跟我在那十四世紀成立至今的氣派校園，度過活力四射的紈褲子弟的歲月相比，簡直是天壤之別。當時前途一片光明，世界就像一隻等著我大嚼的龍蝦。

最近四年，我在撒瑪利亞會工作，有機會一睹人類心靈最黑暗的角落。對某些人來說，自殺似乎是唯一脫離苦海的途徑。我曾經幾次跟即將自我了斷的人對話，也有幾次在電話上，親耳聽聞他們自殺的過程。

所以說，即使在我不得不接受自己的死亡之前，死亡就已經在我的人生劇本多次出鏡。我後來認為死亡是一種恩賜，也從死亡歸納出二個重要的道理：

首先，我覺得死亡比納稅還不可避免。但那些比大多數人更早面臨死亡的人，也讓我明白，雖說死亡不可避免，也還是可以好好把握人生。所謂好好把握人生，並不是肆無忌憚、不顧一切，不是在沉船之前，喝下最後一杯威士忌，而是我現在在腫瘤科的輸液室，看見的平靜與務實。逃避死亡不僅浪費心力，還會讓生命與死亡對立。但死亡並不是生命的反面，而是生命的正常現象。越理解這一點，就越能享受生命。

第二，我領悟與死者同在的重要性。我能想到的其他文化，都有與亡者交流的習俗與儀式，從帕舒帕蒂納特的河邊火葬場，到愛爾蘭的守靈儀式。亞洲與非洲都有掃墓的習俗，也會以酒和祭品祭祀先人。我在馬達加斯加還看過為死者舉辦的宴會。當地人將死了幾年的屍體掘出，裹上全新的壽衣，帶去與生者共舞。然而，在英國與美國，我們卻要運氣夠好，才能跟死去的親人相處一小時。然後就得聯繫殯葬業者，我們再也看不到死去的親人。

我知道大多數的西方人，並不想把奶奶挖出來，最後再玩一次賓果。希望我們不會突然面臨暴力、飢餓與瘟疫（說來悲哀，新冠瘟疫還是降臨在不少人頭上）。不過，我們還是可以允許死亡稍微多出現在生活中，哪怕只是思考死亡，而不是逃避死亡。如果你有機會與瀕死之人，或是剛死之人相聚，希望你能了解這是一種福氣。摸摸我們，與我們一起哭泣，珍惜你我人生的交會，也思考人人終將面對、無可迴避之事的神祕與快樂。

第十一章 樂觀

很多人對世界的現況過於悲觀。例如我親愛的父親有時就說，這世界沒救了，只能沉淪到底。若想反駁，也可以說自柏拉圖以來的每個世代，都有人哀嘆世界的領導者全是無賴，年輕人盡是傻子，現代生活毫無內涵，但如此反駁只是徒勞。很多人都說，宴會廳已空無一人，偉人的傑作變冷腐朽，渡鴉守衛著最高君主的墳墓（還是盎格魯撒克遜人的比喻最貼切！），一切終將化為烏有。

如果悲觀的只是七十幾歲的男性，倒也罷了。問題是Y世代、Z世代，還有後來的每一個世代，甚至會更悲觀。年輕人悲觀的理由倒也合理：勞動市場不穩定、生活成本，還有綠色運動的文明毀滅論。那天我朋友十幾歲的女兒對我說，她不想孕育後代，因為把孩子生在一個戰爭與氣候末日危機肆虐的世界，未免太殘忍。我聽了這話，心都碎了。**每一個**西方人，遭到電視與行動裝置各種膚淺的內容轟炸，想必也不免感到絕望。這些膚淺內容鼓吹我們追求名利，追逐眼前的歡愉，我們的格局與格調，也因此矮化、窄化。

我們人類天生重視負面的事物，會牢記損失，不太記得獲利。會記得苦難，不太記得安逸。正因為有這種傾向，我們的先人才能在大草原上保持警覺，保住自己的命。然而許多已開發國家，現在似乎被憂鬱、悲觀、憤怒的疫情席捲。問題是，在我們的生活條件中，根本找不出憂鬱、悲觀、憤怒的理由。悲哀的不只是染疫的人，疫情還會結出分化與虛無主義的惡果，形成負面的回饋回路，一種自我實現的預言。

當然，我並不認為這個世界全無不公不義，或是人類不需要換個較為永續的生活方式。我覺得也許該對這些問題感到憤怒，才會有人採取行動。但我離死亡越來越近，感到欣慰的是這個世界不但很好，還越來越好。

這跟我先前說過的觀點與感恩有關。我每次造訪獅子山共和國之類的地方，都會看見人們經歷了最慘烈的戰爭、流離失所，以及虐待的歷史。他們一無所有，也沒有翻轉人生的希望，但生活卻充滿快樂、意義與樂觀，還能鼓舞身邊的人。我同時也看到有些人生活在富裕的國家，其他人必須冒著生命危險，乘坐搖搖晃晃的小船前來，只為了能爭取在這裡洗碗的工作。我也看到有些人享受人類史上最為和平繁榮的時期，卻忿忿不平，無法接受一個富國與一群其他富國的貿易關係*，爭論著他們綠樹成蔭的城市中，精心維護的公共空間該擺放哪些雕像，也埋怨該死的鄰居不肯、竟然**不肯**處理他家的虎杖雜草。

* 該死的英國脱歐！但你一定猜不到我投的是贊成還是反對票。

但我並不是盲目樂觀，而是要有真憑實據。你可能認為，像我這樣從事援助工作的人，滿腦子都是苦難，但（正如漢斯．羅斯林在其著作《真確》所道盡）人類擁有聰明才智，又樂於合作，所以世界越來越好，而且往後都會有所提升。現在的我們，比起先前任何一個世代，都更富有、更健康、更快樂、更善良、更潔淨、更和平、更平等，也更長壽。能活到五歲的兒童更多，受教育的女性人數更多。戰爭、搶劫、暴風雨的死亡率，是史無前例的低。自然災害死亡率，從一九二〇年至今下降了百分之九十九。現在以最快速度行駛的汽車，製造的污染比一九七〇年靜止停放的汽車還少。現在全球幾乎有百分之八十五的人口有電可用。低所得國家有超過百分之六十的女生，得以完成小學教育。女性平均受教育九年，只比男性平均值少一年。過去二十年來，全球極度貧困的人口減少了一半。現在出生的人口平均壽命，遠超過七十歲。英國人口學家馬爾薩斯錯了，我們**可以**養活九十億人。（而且鼓吹人口控制的遊說團體也錯了，那麼多人也能搭上這神奇的雲霄飛車，豈不是太好了？我們不該霸占！）

氣候變遷的危機不容小覷，我也不想避重就輕。但我真的覺得這個世界，還有自然界，都能挺過去，我們也會找到減緩衝擊的辦法。最聰明的人才，總算要同心協力解決問題。我深愛的澤西島，藉由乳業也對環境保護頗有貢獻。在非洲的許多地方，雜交育種的澤西島乳牛的牛乳產量增至四倍。至少在歐洲，越來越多農耕地得以回歸自然，不再用於農耕。棲息地逐漸復原，我們也總算開始更為合作，化解了許多物種瀕臨絕種的危機。大熊貓、老虎，以及許多種類的鯨魚，已經不在國際自然保護聯盟瀕危物種紅色名錄的極危物種名單上了。野生黑犀的數量也不斷增加。各項保育計畫與開發計畫相輔相成，窮人保護自己居住地區瀕危的生態系統，也能獲取經濟利益。

我一想到我走了以後，世界會越來越好，就深感寬慰。小朋友會想吃冰淇淋，人們會墜入愛河，無法自拔。音樂工作者會獻上聽覺的饗宴，喜劇演員會搞笑。人們會料理自家庭園，也會蒐集自己感興趣的東西。如果做得到，那就盡量別管政治，盡量不看新聞，少看社群媒體。從這些都看不見大局，看不見真正重要的東西。

我的生命即將走到終點，我發現想想其他人，自己也會大受感動，大感欣慰。我看見孩子抓著書包走路上學，看著一群人拿著自製標語，為自己在乎的事發聲抗議，或是在報紙上，看見有人用火柴棒製作教堂模型的報導，就會感動到熱淚盈眶（天哪，我在你心目中還有形象可言嗎！）。我幾位朋友想多留下一些我的人生紀錄，那一次次的出格舉動，那些趣事，還有瘋狂酗酒的事蹟，我都一一拒絕。有時雖說也想留下點紀錄，但這些事已經不重要了。

哲學家伯特蘭．羅素的一段話，道盡我想表達的心聲。我要引用一大篇他的言論，因為他探討接受死亡、樂觀、與人交流，以及其他人的觀點，盡是擲地有聲的真理。他說，想克服對死亡的恐懼，就該擴展自己的興趣，將其納入更大的整體：

直到自我意識的高牆一點一滴退去，你的生命越來越與全人類的生命融為一體。一個人的生命應該像一條河流，一開始很小，是河岸之間的一條窄流，洶湧地衝過石頭，翻過瀑布。河流越來越寬，河岸漸漸後退，水流更為平靜。最後，沒有任何明顯的銜接，徹底融入大海，毫無痛苦地失去自己的生命。一個人到了晚年，若能以這種角度看待自己的生命，就不會恐懼死亡，因為他在意的仍將持續。

第十二章　遺憾與遺願清單

我覺得遺憾有二種。有些遺憾無論是臨終之人，還是離臨終還很遙遠的人，都會覺得難受。第一種遺憾是自己的所作所為，第二種是自己沒做的事。

我的遺憾是自己某些自私愚蠢的行為。我沒拿到學位就從牛津大學休學，跑到埃及當導遊（我可憐的爸媽都**高興**死了）。我曾經冷血無情甩掉一位女友。我也曾經在倫敦嗑了搖頭丸發神經，一個晚上就失去本該珍惜的友誼。有一次我在巴勒斯坦拉馬拉喝醉了，拿槍指著一位德國室友的腦袋，要他別再把鬍渣留在水槽裡（我要趕快聲明，這是個很粗魯的玩笑，不過我在巴勒斯坦大起義晚期的那段日子，確實瘋瘋癲癲的）。結果那位很好相處的德國室友，就這麼被我嚇跑了。我只顧著自己想跟臨終的朋友「道別」，就沒想到他會有多難受，多不自在。我偷開我媽的車，在M3高速公路上翻車。我的遺憾族繁不及備載。

我知道，任何人看到這裡，捫心自問都能找出一些遺憾。如果有用，那就尋求寬恕，但不是為了自己，而且要趁自己還做得到的時候道歉。若能彌補就更好了（其實是不可能「彌補」的，因為不可能回到從前，但你可以改變你自己，還有其他人看事情的角度）。所有專為成癮者所設計的十二個步驟的戒癮計畫，都將「彌補」列為恢復與重生過程的環節，我先前提到的神奇「修復式正義」計畫也是如此。但最重要的，是能接受自己，不要被遺憾吞噬。要做到這一點，諮詢、冥想，以及迷幻藥大致管用。不再對過往的所作所為感到遺憾，並不是自私，也不代表可以肆無忌憚，繼續當個人渣。要先能同理自己，**才能**同理別人。

對於自己沒做的事感到遺憾，則是較難化解，尤其是現在已經沒時間去做。

臨終醫學專家表示，臨終之人最常見的遺憾，是沒能做到的事。很多人後悔花那麼多時間工作，沒能多陪伴家人。責怪自己沒能傾聽內心的聲音，沒能辭掉不值得留戀的爛工作。也遺憾自己沒有勇氣離開有害身心的人際關係。

第一種補救方法，當然只適合那些還會繼續活下去的人。只要想像自己的人生走到盡頭，再想想**自己**會後悔沒做哪些事。美國開國元勛班傑明．富蘭克林曾說，大多數的人二十五歲就已經死了，只是七十五歲才下葬。無論你年齡多大，現在就該盤點你的人生，要知道生命很寶貴，也是有限的。如果你認為追逐名利最重要，或是覺得陷入困境、缺乏愛，或是拖延，或是有什麼事想等到退休之後再做（在你**有時間**長途跋涉走過不丹之前，就會因為心臟病發作而倒下），那你就是沒有好好把握人生。（建築師彼得．庫克毒舌直言）「永永永永永遠要記得，你要是覺得人生枯燥無味……那真的就是。」

這並不是叫你賣掉房子，去買艘船或一台露營車（不過確實有幾位讀者看了我發表在報紙上的爛文章，就寫信對我說他們要去買船、買露營車）。去旅行；去做或學一件沒做過的事；去找人諮詢；去吃迷幻蘑菇；去當志工；繼續找人約會（每個人**都有**真命天子或天女）；減少工作量，至少有時候在家工作；把留給子女的遺產花掉（最好的遺產永遠都是你的愛）。我在第二篇文章就說過，但因為很重要，所以要重複一次，要及時行樂，而且要繼續及時行樂下去。也要記得那句格言：值得做的事情，就算做得**爛**也值得。千萬不要聽信「要做得出色才有價值」的鬼話。五人制足球儘管踢得爛，口琴吹得五音不全也無妨，放手寫首歪詩給你的家人看。

列出「遺願清單」雖然很老套，卻是個不錯的開始，無論你有時間完成很多項，還是時間只夠完成少少幾項，都無所謂。我很幸運，遺願清單的項目不多（我跟別人說，我一直想去獵捕海豹，有人贊成有人反對）。網路上可以找到不少構想，重點是要好好握住人生的生殖器，擠出快樂的菁華。這世界充滿了機會、奇異與色彩，我們得到如此美妙的恩賜，若是只有渾渾噩噩走過，只當個會呼吸的夢遊人，那也未免太可惜。「在我們取道肯薩綠地，前往天堂之前，還有好消息要聽、好東西要看。」

與臨終者互動的初學者指南

我從確診癌症到臨終，這段並不長的期間，得到很多關愛，也大受鼓舞。你讀到這裡可能已經看膩了，但我還是要說，我覺得人性本善，而關懷、幫助臨終或受苦之人，是人類起碼的本能。我深深感謝每一位關心過、照應過我們夫妻的人。有你們的關懷，走在這條艱難的路就好受多了。

但我也發現一個問題，很多人都想伸出援手，卻不見得知道該怎麼做。我覺得問題的根源，在於因應死亡的經驗不足。我們有時候說的話、做的事，會有些不得體，或是根本沒用。我自己絕對犯過這種錯，現在增長了見識，想起以往犯的大錯，自己都有點尷尬。

如果摯愛之人即將離去，甚至只是認識的人即將離去，都可以參考以下簡短的注意事項。每個人的感受不同，我也不能代表每一位臨終之人發言。下面所說的原則，不見得適用於最近剛失去至親的人。我覺得應該有一些原則是通用的，但關於這個主題，已經有許多更為專業的好書可以參考。我所寫的，是對我來說有用的，也順便列舉少數幾次，別人的無心之過像一記悶棍把我敲昏，而我必須動用內心的幽默感，才能化解尷尬的例子。

該做與不該做的事

再說一次，每個臨終者的情況不同，所以最高指導原則，是依**臨終者**的情況而定。有些人需要經文、需要有人推薦新療法、需要常常有人探望。如果是這樣，請務必幫忙！不過以下的建議，是我與幾位即將出訪癌症國、而且不會再回來的病友討論之後的結果。在沒有其他資訊可參考的情況下，我覺得這些建議是不錯的起點。要記得，像我這樣臨終的病友，不見得有力氣指出你的過失，也不想得罪你。

我列出不該做的事，比該做的多出幾個，有些甚至看起來有點殘忍。如果你曾犯過這些過錯，請不要擔心。我自己也犯過幾種錯誤，我想，臨終之人始終明白，不得體的舉動背後，總有善意的關懷。

要聯絡

這是最重要的建議，不要等到來不及，也不要擔心搞砸。知道自己有人關心，是最美好的感覺。我也確實曾經納悶：「媽的，那個誰誰誰怎麼都不聯絡？」我走出難過情緒的方式，是告訴自己，很多人恐懼死亡，也怕自己會說錯話。也許臨終的我，勾起了別人心中的創傷，也許別人自己也正在經歷難關（所以要給臨終之人一個建議：別記仇）。不過，得到別人的問候，確實很開心。無論是非常親近的人，或是已經三十年沒聯絡的人，任何人來問候，我都很歡迎。

要聯絡的時候（拜託先傳訊息或寫信，不要貿然打電話，原因就跟不要不請自來一樣，後面會再說明），也要稍微想想你的舉動對對方的影響。以下幾個建議，當然也適用於親自探望臨終者。

不要不請自來

我很幸運，有一大群我很喜歡的親朋好友。但一個人一旦知道自己來日無多，就要非常無情地權衡優先次序，要在自己的健康狀況許可，還要應付冗長乏味的醫療過程的情況下，妥善安排剩餘的時間。訪客若是不請自來，甚至完全沒有預告就逕自前來，對於臨終者以及同住的家人來說，都是莫大的困擾。更糟的是，接下來的幾小時，可能是情緒激動無比（「我早就想告訴你……」），不然就是不敢直面主題，只能故作輕鬆，聊些有的沒的（死神的鐮刀都要揮過來了，誰還想關心別人的子女考試的成績，誰還想聽別人最近到摩洛哥旅遊的心得）。

探望的分寸總是很難拿捏。有些臨終之人希望能有很多人探望（當然要事先約好），有些則是覺得少少幾位就好，也有人不想要任何人探望。我自己的問題是，別人說想來探望，我都**歡迎**，但我並不想要太多人探望！你這個人對我來說別具意義，我也樂意與你一起喝杯茶或酒，但像你這樣的人也許有一百個，那我可承受不了。我先前取消過幾次邀約，態度恐怕有些失禮，但請諒解我絕對沒有要否定你，或否定你我之間的交情的意思。

至於「道別」，就我而言，除了少數幾位至親之外，我不想、也覺得沒必要跟其他人道別。我希望你記憶中的我，是我們共度的週末，是那一次我們放煙火、燒掉了鄰居家的小屋，而不是我的身體超不舒服的那幾小時（澤西臨終安養院貼心的是，他們明明沒有設置探病時間，卻會假裝有，好讓我們需要清靜的時候，能不受打擾！）。

我斗膽直言，大多數的臨終道別對訪客的好處，多於對臨終者的好處（這也是我犯過的錯之一）。所以，根本不必去，更不要事先不通知就貿然前去。也許可以主動說要去，就說這麼一次，然後趕快換個話題就行了。

不要顧左右而言他

每個人對於直接或委婉的說法容忍度不同（我自己比較喜歡說「死」，而不是「過世」）。但你可以委婉提到，你知道對方健康狀況不妙，甚至可能來日無多。現在不適合寫一封輕快的電子郵件，聊完全不相關的話題（不過還是可以聊一點你的近況，對方會想知道的）。如果要寫信或傳簡訊，不妨提起一些快樂回憶。若是講電話或見面，因為對方都在現場，有些話題要拿捏好；若是寫信或傳簡訊情況又不同，甚至可以提起「我一直想告訴你……」的話題（只要不是「我二〇一九年跟你老婆上過床」就好）。

要傾聽！

說來奇怪，但很多人一直很難做到這一點。其實在大多數的對話，我們只是有一搭、沒一搭聽著對方講話，其餘時間都在思考自己該如何回應。我在撒瑪利亞會接受的訓練，一大半都是學習專心聽電話那一頭的人說話。我們都以為自己擅長傾聽，其實幾乎沒有人擅長！

臨終之人，或是正在面對一堆複雜可怕又陌生的疾病與治療的人，個個都不一樣，但全都在努力控制陌生又嚇人的東西。我常常跟別人解釋我的狀況，還有我的感受，說了半天，對方卻賞我一句完全沒聽懂的回應，感覺簡直像被一拳打翻在地（「喔對，我爸得了胰臟癌，幸好只有三個禮拜就走了。」）。這種事情發生太多次，我都數不清了。

我想引用我朋友馬丁說過的話。他是經歷過福克蘭戰爭的英雄，後來罹患末期前列腺癌：

要**傾聽**對方說，而且要仔細聽。我們現在的處境很複雜、很難懂，自己可能都還在適應。解釋給你聽，卻只得到一個問題，我一聽了就知道你根本沒在聽我說話，那種感覺真的很難堪。

要有**耐心**，別害怕沉默。我們可能需要時間思考，鎮靜自己的情緒。朋友之間只要互相信任，其實毋須多言，即使沉默也無妨。拚命擠出話來說，反而顯得尷尬。罹癌的病友等到調適好心情，會想聊聊的。我們知道你關心，也感謝你給我們時間與機會，以我們自己想要的方式聊。

要給我們時間，也要包容我們。大多數人即使面對日常生活的種種煩惱，也還是保有一顆包容體貼的心，所以也要有耐心。要記住，重點是我們，不是你，至少目前是如此。抱歉我這麼自私，但我想不到更好的表達方式。

不要不當回事，隨意說笑

我再怎麼拿自己來日無多的命運開玩笑，不當回事，不代表你也能這樣做。就好比某些字眼以前可以用來對付某些人，現在只能由當初被對付的人自己說，別人都不能說。黑色幽默是臨終者的專利，不適合用來安慰臨終者。我也許會發明「沒尊嚴機構」的笑話（一種安樂死診所，由穿著小丑服的員工把你推出窗外），也許會說要把我的骨灰，撒向自行車比賽參賽者的眼裡。但這些話由你來說就不太得體，就算你跟我交情再深也一樣。

也不要說「至少」怎樣怎樣的話。我有幸聽過一些很好玩的俏皮話，但將死之人並不想聽別人對自己說：「至少不必承受風燭殘年、沒有尊嚴的老年」，「至少可以去一個更好的地方」，「至少房貸已經還完了」，「至少下次選舉不必投票」。

我們夫妻**經常**遇到一種顧左右而言他、輕描淡寫的說法。就是有些人睜眼說瞎話，硬要說我能康復。說到這裡，我想起一則大概是刻意美化過的故事。據說英王喬治五世在接近臨終時，不斷有人對他說，他會康復，還能到濱海度假勝地博格諾里吉斯好好享受。他聽了只說：「博格諾你去死。」

別人跟你說，安寧醫療團隊為了緩解你的疼痛而安排的放射治療，能治好你的病，或是他們家表親的狗狗美容師明明病情不樂觀，卻在一夕之間徹底痊癒，這些話大概都是一片好意。但這種話在我聽來，只覺得我說話你根本沒在聽。你不接受我命在旦夕的事實，並不叫做體貼，反而有點像是逃避現實（而且也許是讓你自己比較好受，而不是讓我比較好受）。如果臨終之人仍然盲目樂觀，那大可跟他一起樂觀，不然就少來這一套。

別逼別人一定要回覆

註明「毋須回覆」的信件很貼心，因為我們往往沒體力、也沒腦力回覆。所以最好別問任何問題，不然對方會覺得必須回答。電子郵件與紙本信件是如此，臉書、WhatsApp之類的平台更是如此。「今天想你」比「化療還順利嗎？」好太多。你所寫的內容，最好能讓對方以簡單的「謝謝」或心形表情符號回覆即可。既能表達關懷，又不會造成對方的負擔。

不要給醫療建議

不要細問我們的健康狀況，而且拜託不要兜售任何療法。詢問癌細胞轉移的細節，或是我們正在進行的療法的細節（通常很痛苦，而且很難堪），真的很失禮。不過我們最討厭的，莫過於別人給的醫療建議，或是推薦什麼神奇療法。

光是癌症，別人跟我推薦的藥物與療法，就包括黑種草籽油、杏桃、櫻桃、薑黃、蜂蜜、小蘇打、無糖飲食、各種未經核准的藥物，還有只有納米比亞生產的幾種藥草的混合物，族繁不及備載。也許有一天，會有人證實某種不知名的療法確實有效，但全世界的「大型製藥公司」應該沒有串通起來搞什麼陰謀，故意不給病患能治病的好藥（畢竟第一個證明這些東西有效的人，還是可以得到諾貝爾獎的）。我自己是無條件接受喜劇演員提姆·明欽的那句至理名言：「證實有效的另類醫學叫做什麼？醫學啊！」

很多人也喜歡勸重病的人保持樂觀（我也有這個毛病）。其實沒有科學研究證明，樂觀對病情有任何幫助（不過對於生活品質倒是**很有**幫助）。最重要的是，全身插滿管子，又在苦惱爸媽如何承受白髮人送黑髮人的時候，真的想樂觀也樂觀不起來。勸臨終之人樂觀，最好的情況是有點空洞，而最糟的情況，則是臨終之人會感到內疚，覺得自己做錯了。而且也不是你叫別人「保持樂觀」，別人就可以保持樂觀。

新的科學療法或許更麻煩。你知道你朋友的姐妹接受某種療法，後來順利痊癒，當然會想推薦給別人，這種心情我理解。現在大多數的疾病，都在進行藥物試驗，不出幾年就會有新藥上市大賣。從德國漢堡市的質子束新療法，到愛沙尼亞的免疫學先驅，我知道很多癌症病患什麼都願意試試看。不過我還是覺得，推薦這些要非常小心（尤其如果你不是醫師，只是在報紙上看見這些）。

我的治療過程一開始跌跌撞撞，後來有幸遇到我很信任的醫療團隊。對我來說，最大的好處，就是可以把醫療的事情交給他們傷腦筋。我相信如果有哪個臨床試驗或藥物，能為我多爭取幾個月的壽命，他們一定會找得到，我完全不必傷腦筋，全都交給他們就好。臨終之人要是被一大堆的好意推薦轟炸，就得自己再費心傷神（「可惡，我**真該**試試蘇珊推薦的那個伊斯坦堡新化療方案。」）。而你會推薦療法，就代表你不接受我們真的快要死掉的事實。

別強迫別人信教（或不信教）

我也能理解這種心態。你的信仰對**你**很有幫助，你也希望你關心的人，也能享有這種好處。包括我在內的很多人，在生命走到盡頭之際，會對於心靈、靈魂之類的事情更有興趣。這並不是要在即將滅頂之際，抓住一根浮木，也不是最後玩一把帕斯卡的賭注，而是死亡終於不再被恐懼與禁忌遮蓋，終於清清楚楚來到我們眼前時，會有的正常反應。但請務必小心，不要指揮將死之人。

我自己在生命的最後幾個月，很喜歡跟幾位我所欽佩的人聊聊宗教。我也喜歡研究不同的宗教信仰。但你推薦《聖經》、《古蘭經》的經文，或是YouTube的傳道影片，不會對任何人有益。推薦什麼奇蹟治療，更不可能對任何人有益。你可能會得罪對方，因為這樣做等於暗示對方這麼多年來做的都是錯的。你灌輸或助長對方不切實際的希望，有可能會妨礙我覺得對於每一個即將死亡的人來說，最有益的事情：直接接受死亡。

同樣的道理，如果你是個死硬派鴕鳥心態的道金斯無神論者（我有幾年就是這個樣子），那現在也不適合跟臨終的人說，他們不會比「被壓扁的昆蟲」更重要（還真有人跟我這麼說）。

我特別感謝二封常常讓我開懷大笑的電子郵件。一封很實際，說我今生很美好，但死後一定會下地獄。另一封一開始就說：「跪下！」但不是每個人都喜歡這些。如果你有非常虔誠的信仰，當然可以跟臨終的人聊聊，但聊完就要讓對方自己作主。

要伸出援手，但也要具體

我們在澤西島身邊的人，甚至來自遠方的人，都會好心關照我們夫妻。幫我們修剪草坪、遛狗，還會把餐點直接放在我們家門口。還有人在一場嚴重的暴風雨過後，租了鷹架幫我們修復屋頂。如果你想幫忙，最好想想具體能幫什麼忙。我發現這麼多年來，我想必寫過很多「需要幫忙儘管開口」的信，可想而知從來沒人開口。這是因為臨終之人本來就很難開口，而且也不太願意提出具體的要求，因為不確定對方是否真的有誠意。

除了溫馨問候（這其實是最重要的）之外，你還能幫上哪些忙？也許是開車送孩子上下學，或是冷凍千層麵。或是幫忙將臨終之人的近況告知同圈子的朋友，臨終之人就不必一一告知。也許是提議在某個下午一起聊聊或喝杯茶，但不要強求（我以前也會納悶，為何我說「想打電話隨時歡迎」都沒人理我）。但如果真的有誠意，也可以想想具體能幫上哪些忙，也要給對方接受或拒絕的空間。

說到這裡，最後我也要給臨終之人一點建議。有些人真的有誠意幫忙，最好不要想都不想就通通拒絕（反正我有一陣子是這樣）。第一，讓別人覺得能幫上忙，其實是一種體貼。第二，有些事情還真的需要別人幫忙。如果要開口請人幫忙，我也建議要提出具體的要求。請別人幫一些對你來說很實用、不必花大錢，也不會造成你負擔的小忙，絕對可以拉近你與很多關心你的人之間的距離（關心你的人很多，大概比你知道的還要多很多）。此外，看見你受苦受難，卻感到無計可施的人，也會因此與你更親近。但還是要克制，別說你需要新的電視，也別說你家狗狗的肛門腺需要解放。

推薦書單

這幾本書影響了我對於上述主題的看法，推薦給各位。

The Rational Optimist: How Prosperity Evolves by Matt Ridley

麥特．瑞德里，《世界，沒你想的那麼糟：達爾文也喊 Yes 的樂觀演化》

The Better Angels of Our Nature: Why Violence Has Declined by Steven Pinker

史蒂芬．平克，《人性中的善良天使：一部人類新史》

Enlightenment Now: The Case for Reason, Science, Humanism and Progress by Steven Pinker

史蒂芬．平克，《再啟蒙的年代：為理性、科學、人文主義和進步辯護》

Factfulness: Ten Reasons We're Wrong About the World – and Why Things Are Better Than You Think by Hans Rosling

漢斯．羅斯林，《真確：扭轉十大直覺偏誤，發現事情比你想的美好》

Humankind: A Hopeful History by Rutger Bregman

羅格．布雷格曼，《人慈：橫跨二十萬年的人性旅程，用更好的視角看待自己》

Being Mortal: Illness, Medicine and What Matters in the End by Atul Gwande

葛文德，《凝視死亡：一位外科醫師對衰老與死亡的思索》

How to Change Your Mind: What the New Science of Psychedelics Teaches Us About Consciousness, Dying, Addiction, Depression, and Transcendence by Michael Pollan

麥可．波倫，《改變你的心智：用啟靈藥物新科學探索意識運作、治療上癮及憂鬱、面對死亡與看見超脫》

The Lives of a Cell: Notes of a Biology Watcher by Lewis Thomas

路易斯·托馬斯，《細胞生命的禮讚：一個生物學觀察者的手記》

A Brief History of Everyone Who Ever Lived: The Stories in Our Genes by Adam Rutherford

亞當·拉塞福，《每個人的短歷史：人類基因的故事》

Anam Cara: A Book of Celtic Wisdom by John O'Donohue

約翰·歐唐納修，《靈魂的朋友：古老的凱爾特智慧，不可思議的療癒人類、靈魂、自然與世界》

Why Buddhism is True: The Science and Philosophy of Meditation and Enlightenment by Robert Wright

羅伯·賴特，《令人神往的靜坐開悟：普林斯頓大受歡迎的佛學與現代心理學》

Man's Search for Meaning by Viktor Frankl

弗蘭克，《活出意義來：從集中營說到存在主義》

Radical Acceptance: Embracing Your Life With the Heart of a Buddha by Tara Brach

塔拉．布萊克，《全然接受這樣的我：18個放下憂慮的禪修練習》

Waking Up: A Guide to Spirituality Without Religion by Sam Harris

With the End in Mind: Dying, Death and Wisdom in an Age of Denial by Kathryn Mannix

Unapologetic: Why, Despite Everything, Christianity Can Still Make Surprising Emotional Sense by Francis Spufford

The Book: On the Taboo Against Knowing Who You Are by Alan Watts

簡短年表

一九七七年
生於倫敦，父母為東尼與莎拉・博阿斯
妹妹茱莉亞於一九八〇年出生

一九八二至一九八四年
Dulwich Village 幼兒學校

一九八四至一九九〇年
Dulwich College 預備學校
是男班長，也是首席圖書管理員喔！

一九九〇至一九九五年
Winchester 大學

一九九五至一九九六年
在越南度過空檔的一年
在西貢兒童慈善機構教書，並擔任《西貢時報》文字編輯

一九九六至二〇〇〇年
牛津大學 Brasenose 學院，主修英國文學
沒拿到學位就休學

二〇〇一至二〇〇三年
在埃及、土耳其、印度當導遊
在埃及待了二年

二〇〇四年
巴勒斯坦 Bir Zeit 大學
學阿拉伯語

二〇〇四至二〇〇八年
巴勒斯坦經濟政策研究院
計畫主持人兼研究員

二〇〇六至二〇〇七年
英國巴斯大學，主修國際政策分析
理學碩士

二〇〇八年
巴勒斯坦規畫部
部長特別顧問，協助擬定加薩走廊重建計畫

二〇〇九年
PlaNet Finance
國家部門總監

二〇一〇年
與奧蕾莉結婚
她是我二〇〇八年在公車上結識的靈魂伴侶

二〇一〇至二〇一二年

聯合國糧食及農業組織（FAO）：加薩辦公室主任

定居加薩二年半，每週末通勤到約旦河西岸

二〇一二至二〇一四年

聯合國糧食及農業組織（FAO）尼泊爾辦公室：管理跨境動物疾病大型專案

在加德滿都工作，但業務範圍多達八個南亞國家

二〇一四至二〇一六年

英國公務體系

商業、衛生與海關相關工作

二〇一六至二〇二四年

澤西海外救援機構總監

負責審核、管理發給各開發慈善機構的大約一億英鎊的補助金

二〇一九年開始

撒瑪利亞會

二〇二〇年開始

Jersey Heritage，先是董事，後來擔任董事長（二〇二三年開始）

二〇二一年開始

警局

與奧蕾莉一同擔任志願警察

關於我的大小事

身高

每天早上六英尺六英寸

曾在哪些國家生活

英國、越南、埃及、土耳其、印度、巴勒斯坦、尼泊爾、澤西島

也曾在哪些國家工作

柬埔寨、阿曼、約旦、黎巴嫩、泰國、不丹、斯里蘭卡、盧安達、馬拉威、獅子山共和國、尚比亞、衣索比亞、烏克蘭、瑞士、波蘭

吸過的菸

大約二十萬根

小名

包柏

熊出沒在帳篷外

二次

在野外遇見老虎

九次

逮捕別人的次數

零，有一次打開警車紅藍燈與警報器

被哪裡的警方拘留過

英國、克羅埃西亞、以色列、越南

最喜歡的詩

狄蘭·湯瑪斯的作品「蕨山」

最喜歡的食物

中國火鍋

寫過的歪詩

「單車騎士都是婊子」，附插圖版本現於亞馬遜販售。除非你真的很有雅量，也能容忍粗鄙的言語，否則千萬不要找來看

航行

大約一萬英里

中槍

一次·以色列軍隊幹的，在卡蘭蒂雅檢查站，二〇〇四年。腿部後側。本來是可以拿來誇口的戰爭紀念品，直到有人說我一定是在逃跑途中被打中

擁有的槍枝

十二口徑霰彈槍、.22LR 打靶手槍、CZ 9 mm、.357 麥格農左輪手槍

在英國打過的工

照護機構清潔工、監獄職員、特殊教育助教、酒保、按摩浴缸安裝工人、搬家工人、「羔羊接生工」、拖拉機駕駛

婚禮賓客的國籍

二十四國

參加過的最喜歡的合唱團

Zaridash（西岸）、加德滿都聖歌合唱團（尼泊爾）

在本—古里安國際機場被脫衣搜身的次數

大約三十次，享有三年外交豁免權期間得以倖免

得獎紀錄

澤西島長官銀璽獎。在非洲推廣娟珊牛有功，因此榮獲世界娟珊牛局頒發「成就證書」

在《時報》刊出的信件

十一封，包括眾人爭搶的版面右下角

愛犬

皮卡第牧羊犬 Pippin，二〇一九年開始飼養

喪禮聖歌

「親愛的主，人類的父」，「偉大的主，求祢引領」，「慈光導引」

後記 賽門喪禮悼詞節選

他相識最久的朋友詹姆斯所寫
澤西島聖三一教堂，二〇二四年八月

首先，我要感謝賽門邀請我說幾句懷念他的話，尤其這代表我不必按照他先前的指示，在他的喪禮上模仿十四歲的亞雷德・瓊斯的調調，唱「漫步雲端」。

我跟在座的好幾位一樣，覺得不可思議，賽門這幾個月這麼辛苦，還能保持心態平衡，頭腦清晰，寫這麼多文章鼓勵這麼多人。如果你從未看過他在《澤西晚報》的文章，那你就不是看過他的文章，或聽過他在 Broadcasting House 以及《今日》廣播節目暢談他狀況的數十萬人的其中之一。他對於自己在《時報》刊出的信件達到二位數，有點沾沾自喜。我沒算過賽門在這些文章裡提到慕斯卡德葡萄酒的次數，總之欣賞他的讀者，這幾個月屢屢贈酒給他，一直沒停過。

至於我自己，我老是在想那些再也不可能實現的事，那些他再也看不到的地方、見不到的人。但是賽門親口對我說，詹姆斯，我的好兄弟，你應該想想我們一起做過的事，一起度過的人生。現在想起來，真是一段精采的人生啊。

賽門從小就一心追求自由，也熱愛旅遊。

現在回想起來，賽門的父母對他真是無比信任，以現代的標準來看，真是不可思議。他的父母允許十三歲的他，跟朋友一起騎單車環繞法國，後來又幾次騎單車環繞荷蘭，還在十四歲與十五歲的時候，搭乘火車環繞歐洲。

一九九三年，當時十六歲的賽門第一次從事海外救援工作，與天主教會的一群人護送捐贈物資到波士尼亞莫斯塔爾附近的難民營。那次他近距離體驗戰爭，見到種族清洗受害者的經驗，塑造了日後的他。

他在一九九六年，也就是他的空檔年，飛往西貢，自願在西貢兒童慈善機構擔任英文教師，在第四郡的貧民窟工作。他晚上在《西貢時報》擔任文字編輯，也在 Long Phi 酒吧打撞球，身旁圍繞一群很歡樂的社會邊緣人。我在一九九六年加入他的行列。我出現在酒吧的次數，比慈善機構還多，不過慈善機構工作的經歷，後來好幾年都掛在我的履歷上。我們騎著老爺俄羅斯明斯克機車到越南各地，不時摔車跌倒在地，以每小時二十英里的速度喔，連滾帶爬到了湄公河三角洲的幾處村莊。我們在一九九七年，從越南跨越邊境到柬埔寨。當時的柬埔寨正值政變時期，危機四伏，沒有一個神智正常的人會去。我們發現，整個吳哥窟寺廟建築群就只有我們幾個，沒有其他人影。司機覺得很奇怪，但賽門還是堅持要按照年代順序造訪每個角落，用石頭在高棉建築上寫下很冷的話，還用彈弓打寺廟裡廢棄池塘的青蛙。

對於這段日子，賽門喜歡說起的一段往事，是我跟他還有另一個朋友 Chinh

在邊境騎機車時，賽門跟我們走散了。他不確定自己身在哪個國家，當時紅色高棉仍然活躍，他又遇上超大雷雨，決定先找個地方躲雨。他穿著粉紅色塑膠雨披，駛進一間小屋，熄了火。那些村民見了他是一頭霧水。他們可能自一九七五年來，就沒見過半個西方人，更不用說是身高六英尺六英寸的西方人。他對村民說，他需要一個地方躲過季風雨與雷擊。為了化解尷尬的氣氛，他變魔術給村民看，把一條繩子繫在一位很緊張的女士手腕上，再將窗簾掛環從這條繩子取下。他的眼睛逐漸適應了黑暗的環境，這才看見床上有具屍體，細細想來才知道，自己不小心闖入了守靈現場。他發動引擎，駛入暴風雨中，村民只是納悶，剛剛那個詭異的粉紅色鬼魂究竟是誰。

賽門在一九九六至二〇〇〇年，於牛津大學主修英國文學。他在一場輕微的車禍後，重讀大學四年級，但終究還是沒拿到學位就休學。他後來坦言，休學是他做過最正確的事情。他斬斷所有傳統的後路，從此專心以自己想要的方式看世界，憑藉自己的聰明才智生活。他在埃及當了幾年的導遊，後來又先後到印度、土耳其當導遊。

二〇〇四年，他在約旦河西岸的 Bir Zeit 大學學阿拉伯語，也在巴勒斯坦經濟政策研究院擔任專案主持人與研究員，繼續為慈善工作效力。他對於參加過阿拉法特的喪禮頗感自豪，每次對著一群人炫耀這種更加招搖的親巴勒斯坦資歷，自己私底下都覺得好玩。

賽門於二〇〇六年回到英格蘭，在巴斯大學主修國際政策分析，以優異成績獲得碩士學位。他告訴我這項消息，還加了二個驚嘆號強調！他在巴斯大學結交了幾位友誼長存的好友。其實在座的各位應該都很清楚，賽門無論到哪裡旅遊或是念書，都能累積許多真心相待的好友。

賽門在國內短暫停留之後，又回到中東地區，擔任巴勒斯坦規畫部的特別顧問。也是在巴勒斯坦的時候，二〇〇八年，在機場的巴士遇見了他的靈魂伴侶奧蕾莉。當時奧蕾莉剛從法國來到巴勒斯坦攻讀新聞學。他們倆墜入愛河，一路相親相愛。二〇一三年，賽門與奧蕾莉在聯合國糧食及農業組織加薩辦公室服務三年後，移居加德滿都。賽門負責主持聯合國的跨境動物疾病專案，業務範圍遍及整個南亞。他們倆也喜歡一起在山區探索、遠足。賽門想追求更有組織的工作環境，於是在結束加德滿都的工作後，在英國公務體系短暫服務。他們倆也有時間停下來思考下一步要怎麼走，覺得也許不該再跟六名警衛同住一個屋簷下。

賽門與奧蕾莉是因為接受公務體系的訓練，才接觸到澤西島。他們於二〇一六年定居澤西島。賽門很喜歡澤西島團結互助的環境，也喜歡和許多有趣的好人相伴。他也說過，他與奧蕾莉在澤西島，屢屢感覺到一種窩心的歸屬感。他與國際發展大臣合作，經營澤西海外救援機構。不僅將預算加倍，也加強補助澤西島的優勢項目：乳業、金融業，以及保育。只有賽門這種人，才有本事把乳牛精液出口發展成一種事業，而且還是一門正經生意。他經常前往包括盧安達在內的非洲國家，對於自己培育的牛隻深感自豪，也與非洲各地的農民建立深厚的友誼。

賽門積極參與澤西島生活的許多層面。他與奧蕾莉都是榮譽警察，在座很多人可能很難想像，像他這樣的人竟然會坐在警車的**前座**。他在二〇一九年成為撒瑪利亞會的一員，也擔任 Jersey Heritage Trust 的董事長。二〇一九年五月，他因為擔任志工，後來又與《澤西晚報》在全球各地的讀者，分享他的經歷，對澤西島貢獻卓著，獲頒澤西島長官銀璽獎。他自稱是全澤西島拼字遊戲的霸主。他稱第二，沒人敢稱第一。只是我還是要說，我沒辦法靠自己去證實這一點。

這就說到賽門的性格，他的性格造就了他這個人。我還記得我跟他二十歲出頭的時候，決定就算失去一切，窮困潦倒又悽慘落魄，也不能丟掉幽默感。誰也不能奪走我們的幽默感，誰也不能改變我們看待世界的荒唐角度。從很多人最近幾個禮拜的悼念可以看出，跟賽門相處真的太好玩了。我們跟他一起經歷了那麼多荒唐、驚險的場面，也曾一同開懷大笑。

在賽門看來，這個世界該探索、該細究，更該諷刺，但絕對不要太當回事。我會永遠懷念的，是他發現別人分不清他是超級放肆、輕微嘲諷，還是純粹玩鬧的時候，眼裡閃過的那道淘氣的光芒。

賽門特別有辦法讓人卸下心防，有時是藉由他的魅力，有時是把別人搞得一頭霧水，有時是這兩招齊發。他開車經過檢查站時，要知道中東的檢查站是很容易擦槍走火的，聰明的他會向一臉嚴肅的警衛問路，或是問一些很好笑的問題，例如這裡離下一個城市還有幾公里。他說的那句話到現在，還是我能記得的少數阿拉伯文之一。緊張氣氛立即消失無蹤，檢查站的警衛覺得自己有威嚴，又能幫上忙，所以就客客氣氣讓我們通行了。

他這一招也不見得每次都管用。大約在那個時候，我們去黎巴嫩，打算開車遊覽整個國家。雖然我們耗了幾天，才終於早點離開貝魯特的酒吧去租車。我們造訪了貝卡谷地，還有巴勒貝克的朱庇特神廟，賽門毫不猶豫就載著我們前往黎巴嫩南部和以色列的邊境。那一帶當時由真主黨控制，我們走的那條路，大多數人都認為無法通行。我們越過一座又一座村莊，路邊的烈士海報數量越來越多，想不注意到都難。當時的我們二十幾歲，理性時代又早已遠去，所以當然會開著敞篷賓士，西方流行音樂放得震天價響。不過賽門還是帶著大大的微笑，一副「只是路過，麻煩您了」的樣子，迎向檢查站。全副武裝的警衛雖然客氣，卻也堅持要我們掉頭，一路往北越過利塔尼河到對岸去。好吧，沒有人天天過年。

最後我想跟大家分享，賽門自己對於死亡的看法。這是他在二〇二一年無意間說出的，後來也證明是一語成讖：

> 盡量不要難過。我還會在大家的記憶中活個幾年，但想到我請不要悲傷。就把自己的人生當成一本書。對於某些人來說，我是這本書的一

章。對於其他人來說，我只是一個段落、一個註腳。希望你帶著我留下的快樂回憶，繼續往前走。你的這本書是你自己的。千萬不要因為懷念一個快樂的章節，就毀了這本書其餘的部分，那可太荒唐了。我這一生很不錯，所以大家要開心，不要難過！

賽門，我的好兄弟，你這一生帶給大家這麼多快樂，這麼多永難忘懷的回憶。兄弟，願你安息。你走的時候很快樂、很滿足。我們都知道總有一天，你會在那裡與我們相會。你會拿著拼字遊戲板，還有一杯慕斯卡德葡萄酒，再次款待我們。

結語

我的生命應該剩不到二個禮拜了，因為血鈣數值太低，藥物已全然無效。這樣走倒也不錯，只是血鈣太低必然會引發失智症，這我可一點都不期待！

我極其有幸，在人生的盡頭能有時間靜下想想。我很喜歡在澤西海外救援機構，以及 Jersey Heritage 的工作（至少是在家工作）。我還曾經穿上全套的警察裝備，坐上警車去巡邏。後來還在單行道上停車，下車摘花，不小心引發塞車，才發現這個畫面未免太奇怪！

不過最重要的是，我能與奧蕾莉一起度過溫馨的時光，聊聊重要的事，哭哭笑笑，也納悶慕斯卡德葡萄酒的瓶子怎麼都變小了。

我處理了過往的一些遺憾。我與全球各地、看過我發表在報紙上的文章的讀者通信。我們還偷偷跑到法國幾次（再次感謝澤西臨終安養院，也感謝我那最優秀的腫瘤醫師替我重新安排時間，給我打了滿滿的好藥）。我挑了一些自己喪禮上要用的讚歌與詩，也選了一個簡單的石灰石墓碑（我**就是希望**它會褪色）。

我有幸享有的平靜，甚至是喜悅，絲毫沒有減退。雖說骨頭的疼痛加劇，最近腫瘤又喜歡從我的餵食造口露出，把我家廚房搞成電影《霸道橫行》的場景，但除此之外，我就跟無病無痛時一樣快樂。能有如此心境，要感謝的實在太多。希望我在這本書所分享的，能讓你在有朝一日生命將盡時，也能滿心喜樂。

中英名詞翻譯對照表

人物

三至十畫

山姆・哈里斯　Sam Harris
卡戎　Charon
史考特　Scott
史派克・米利甘　Spike Milligan
史蒂芬・霍金　Stephen Hawking
尼克・博斯特羅姆　Nick Bostrom
伊麗莎白・庫伯勒—羅絲　Elisabeth Kübler-Ross
伏爾泰　Voltaire
吉爾　A.A. Gill
伯特蘭・羅素　Bertrand Russell
克里斯多福・希鈞斯　Christopher Hitchens
狄蘭・湯瑪斯　Dylan Thomas
亞雷德・瓊斯　Aled Jones
彼得・庫克　Peter Cook
阿蒙森　Amundsen
保羅・卡蘭尼希　Paul Kalanithi
恩里科・費米　Enrico Fermi
班傑明・富蘭克林　Benjamin Franklin
馬克斯・普朗克　Max Planck
馬爾薩斯　Malthus

十一畫以上

理查・道金斯 Richard Dawkins
麥可・貝茲 Michael Bates
麥可・波倫 Michael Pollan
喬治・艾略特 George Eliot
提姆・明欽 Tim Minchin
塞西爾・羅茲 Cecil Rhodes
奧古斯特・埃斯科菲耶 Auguste Escoffier
漢斯・羅斯林 Hans Rosling
蒙田 Montaigne
蒙提・派森 Monty Python
羅格・布雷格曼 Rutger Bregman
露伊絲・湯金 Lois Tonkin

地點

巴勒貝克 Baalbek
卡蘭蒂雅檢查站 Qalandia Checkpoint
布倫海姆宮 Blenheim Palace
利塔尼河 Litani
貝卡谷地 Beqaa valley
帕舒帕蒂納特 Pashupatinath
拉馬拉 Ramallah
肯薩綠地 Kensal Green
查理檢查哨 Checkpoint Charlie
納米比亞 Namibia
基加利 Kigali
莫斯塔爾 Mostar
博格諾里吉斯 Bognor Regis

聖赫利爾　St Helier

書籍／媒體

《人慈》　*Humankind*

《米德爾馬契》　*Middlemarch*

《西貢時報》　*Saigon Times*

《改變你的心智》　*How to Change Your Mind*

《每日郵報》　*Daily Mail*

《每日電訊報》　*Daily Telegraph*

《旁觀者》　*Spectator*

《時報》　*The Times*

《真確》　*Factfulness*

「單車騎士都是婊子」　*Cyclists are C**ts*

《當呼吸化為空氣》　*When Breath Becomes Air*

《蒼蠅王》　*Lord of the Flies*

《澤西晚報》　*Jersey Evening Post*

「蕨山」　*Fern Hill*

《霸道橫行》　*Reservoir Dogs*

其他

人擇原理　anthropic principle

大型強子對撞機　Large Hadron Collider

巴勒斯坦經濟政策研究院　Palestine Economic Policy Research Institute

「加卡卡」和解過程　‘gacaca’ reconciliation process

皮卡第牧羊犬　Picardy Shepherd

西貢兒童慈善機構　Saigon Children's Charity

伊宰・丁・卡桑烈士旅　Al-Qassam

虎杖　Japanese knotweed

阿布・阿里・穆斯塔法旅　Abu Ali Mustafa

阿克薩烈士旅　Al-Aqsa Martyrs

非二元性別　non-binary

修復式正義　restorative justice

荒原路華　Range Rover

眼絲蟲　eye-worm

萊卡衣　Lycra

慈心禪　loving-kindness meditation

聖城旅　Al-Quds

道金斯無神論者　Dawkins atheist

德魯伊　Druidry

慕斯卡德葡萄酒　Muscadet

撒瑪利亞會　Samaritans

賽洛西賓　psilocybin

藍仙姑　Blue Nun

我 47 歲就要死了，但很平靜滿足

一個癌末男子如何知足、樂觀面對生命的結束

作者　賽門・博阿斯（Simon Boas）
譯者　龐元媛
主編　劉偉嘉
校對　魏秋綢
排版　謝宜欣
封面　萬勝安
出版　真文化／遠足文化事業股份有限公司
發行　遠足文化事業股份有限公司（讀書共和國出版集團）
地址　231 新北市新店區民權路 108 之 2 號 9 樓
電話　02-22181417
傳真　02-22181009
Email　service@bookrep.com.tw
郵撥帳號　19504465 遠足文化事業股份有限公司
客服專線　0800221029
法律顧問　華洋法律事務所　蘇文生律師
印刷　成陽印刷股份有限公司
初版　2024年11月
定價　380元
ISBN　978-626-98996-2-3

歡迎團體訂購，另有優惠，請洽業務部 (02)2218-1417 分機 1124

特別聲明：有關本書中的言論內容，不代表本公司／出版集團的立場及意見，由作者自行承擔文責。

國家圖書館出版品預行編目 (CIP) 資料

我 47 歲就要死了，但很平靜滿足：一個癌末男子如何知足、樂觀面對生命的結束／賽門・博阿斯（Simon Boas）作著；龐元媛譯.
-- 初版 . -- 新北市：真文化，遠足文化事業股份有限公司，2024.11
面；公分 . --（認真生活；18）
譯自：A beginner's guide to dying
ISBN 978-626-98996-2-3（平裝）
1. CST: 死亡 2. CST: 生死觀 3. CST: 癌症 4. CST: 病人
197　113015243